GORBRYDER
OHERWYDD EIN GOLWG

pynciau perthnasol

Can I tell you about OCD?
A guide for friends, family and professionals
Amita Jassi
Darluniau gan Sarah Hull
ISBN 9781849053815
eISBN 9780857007360

Breaking Free from OCD
A CBT Guide for Young People and Their Families
Jo Derisley, Isobel Heyman, Sarah Robinson a Cynthia Turner
ISBN 9781843105749
eISBN 9781846427992

Fy Llawlyfr Gorbryder
Mynd yn ôl ar y trywydd iawn
Sue Knowles, Bridie Gallagher a Phoebe McEwen
Darluniau gan Emmeline Pidgen
ISBN 9781802584486

Teen Mental Health in an Online World
Supporting Young People around Their Use of Social Media, Apps, Gaming, Texting and the Rest
Victoria Betton a James Woollard
ISBN 9781 785924682
eISBN 9781784508524

Touch and Go Joe
An Adolescent's Experience of OCD
Joe Wells
ISBN 9781843103912
eISBN 9781846424892

GORBRYDER OHERWYDD EIN GOLWG

CANLLAW I DDEALL ANHWYLDER DYSMORFFIA'R
CORFF AR GYFER POBL IFANC, TEULUOEDD
A GWEITHWYR PROFFESIYNOL

Gwasanaeth OCD, BDD ac Anhwylderau Cysylltiedig
Cenedlaethol ac Arbenigol ar gyfer Pobl Ifanc, Ysbyty
Maudsley

GRAFFEG

Gorbryder oherwydd ein golwg
Cyhoeddwyd yng Nghymru yn 2023 gan Graffeg

Graffeg Cyf., 24 Canolfan Fusnes Parc y Strade,
Heol Mwrwg, Llangennech, Llanelli,
Sir Gaerfyrddin, SA14 8YP.
www.graffeg.com

Cyhoeddwyd gyntaf yn 2019 yn y Deyrnas Unedig
dan y teitl *Appearance Anxiety* gan
Jessica Kingsley Publishers
Carmelite House, 50 Victoria Embankment, London EC4Y 0DZ
www.jkp.com

Hawlfraint © Gwasanaeth OCD, BDD ac Anhwylderau Cysylltiedig
Cenedlaethol ac Arbenigol, Ysbyty Maudsley 2019
Dylunydd yr argraffiad Cymraeg: Joana Rodrigues

ISBN 9781802584462

Cedwir pob hawl. Ni chaniateir atgynhyrchu na throsglwyddo unrhyw ran o'r cyhoeddiad hwn, mewn unrhyw ddull na thrwy unrhyw gyfrwng – electronig na mecanyddol, yn cynnwys llungopïo, recordio, nac unrhyw system storio gwybodaeth na system adalw – heb ganiatâd ysgrifenedig ymlaen llaw gan y cyhoeddwr.

Cyhoeddwyd gyda chymorth ariannol Cyngor Llyfrau Cymru
www.gwales.com

GRAFFEG

CYNNWYS

Cyfranwyr 6

Rhagair 7

Neges gan ferch ifanc sydd a BDD arni 9

1. Beth yw BDD ac a oes BDD arna i? 13

2. Pam mae pobl yn cael BDD? 21

3. Effaith BDD 31

4. Triniaethau cosmetig 39

5. Y rhyngrwyd a'r cyfryngau cymdeithasol 45

6. Triniaeth ar gyfer BDD 51

7. Beth gall teuluoedd, ffrindiau a gofalwyr ei wneud i helpu? 63

8. Beth gall ysgolion a gweithwyr proffesiynol ei wneud i helpu? 71

Argymhellion deunydd darllen, adnoddau a sefydliadau 79

Mynegai 81

CYFRANWYR

(yn nhrefn yr wyddor)

Emma Beardsworth

Laura Bowyer

Emily Brookes

Robbie Burton

Bruce Clark

Rory Daniels

Amita Jassi

Georgina Krebs

Angela Lewis

Elias Marchetti

Benedetta Monzani

Lauren Peile

Katie Holland Whitehead

RHAGAIR

Dro ar ôl tro, fel rhan o'n gwaith yn y gwasanaeth arbenigol ar gyfer anhwylder dysmorffia'r corff (*BDD: body dysmorphic disorder*), rydyn ni wedi rhoi diagnosis o BDD a chymaint o wybodaeth ag yr oedd modd, ac eto roedden ni'n dal i deimlo bod rhywbeth ar goll. Roedden ni'n dymuno cynnig rhywbeth ychwanegol i bobl ifanc a'u teuluoedd – ffynhonnell o wybodaeth i ateb y cannoedd o gwestiynau a fyddai'n sicr o godi ar ôl iddyn nhw adael y clinig. Roedd teuluoedd yn aml yn gofyn i ni am wybodaeth i'w rhannu ag eraill, sy'n hawdd ei darllen. Byddai clinigwyr a gweithwyr proffesiynol eraill yn cysylltu'n aml i ofyn am adnoddau i'w helpu i ddeall BDD. Yn ogystal, roedden ni'n ymwybodol bod angen darparu gwybodaeth i bobl ifanc a oedd yn ansicr a oedd BDD yn esbonio eu hanawsterau, a'u cefnogi i ystyried bod diagnosis o'r fath yn bosibl. Ar ôl chwilio, buan iawn y gwelson ni nad oedd adnodd o'r fath ar gael. Dyma oedd yr ysbrydoliaeth i ni hel ein gwybodaeth a'n profiad ynghyd a mynd ati i ysgrifennu'r llyfr hwn. Dyma'r llyfr cyntaf am BDD ar gyfer pobl ifanc, eu teuluoedd a gweithwyr proffesiynol.

Mae BDD yn anhwylder cyffredin ac eto mae'n anhwylder dinistriol sydd heb ei gydnabod yn ddigonol. Wrth edrych yn ôl dros yr holl flynyddoedd rydyn ni wedi bod yn gweithio ym maes iechyd meddwl, rydyn ni'n sylweddoli nad ydyn ni efallai wedi adnabod y cyflwr yn aml yn y gorffennol. Nid methiant i adnabod BDD yw'r unig broblem. Yn aml, ceir camddiagnosis ohono neu bydd yn cael ei drin yn anghywir, sy'n gallu effeithio'n sylweddol ar fywydau pobl ifanc a theuluoedd. Mae ysgrifennu'r llyfr hwn yn rhan o'n cenhadaeth i hybu ymwybyddiaeth a dealltwriaeth o BDD er mwyn atal hyn rhag digwydd. Mae'n bwysig bod pobl yn gallu adnabod BDD a deall y cyflwr, er mwyn cael gafael ar y cymorth iawn. Gyda thriniaeth sy'n seiliedig ar dystiolaeth yn benodol ar gyfer BDD, rydyn ni'n gwybod bod pobl yn gallu gwella.

Nod y llyfr hwn yw mynd â darllenwyr ar daith o'r pwynt pan mae BDD yn cael ei adnabod hyd at y driniaeth, yn ogystal â chynnig canllawiau ymarferol ar yr hyn y gall teuluoedd a gweithwyr proffesiynol ei wneud i helpu. Mae'r llyfr hwn hefyd yn mynd i'r afael â chwestiynau am achosion, dylanwad y cyfryngau cymdeithasol a chanlyniadau triniaethau cosmetig. Rydyn ni'n rhoi sylw i faes eang yn y llyfr hwn, ond wedi ceisio ei gadw'n gryno ac yn bwrpasol. Does dim jargon ynddo, yn debyg i'n dull ni o gyfleu'r wybodaeth hon i bobl yn ein clinig.

Diolch i'r holl bobl ifanc a'r teuluoedd rydyn ni'n gweithio gyda nhw am eu hysbrydoliaeth a'u cyngor wrth baratoi'r llyfr hwn. Yn ogystal, ni fyddai'r llyfr hwn erioed wedi gweld golau dydd heb gyngor a chyfraniadau doeth ein cyd-weithwyr.

Dr Amita Jassi
Seicolegydd Clinigol Ymgynghorol ac Arweinydd BDD
Gwasanaeth OCD, BDD ac Anhwylderau Cysylltiedig
Cenedlaethol ac Arbenigol ar gyfer Pobl Ifanc, Ysbyty Maudsley,
ac Ymddiriedolaeth GIG De Llundain a Maudsley

Dr Bruce Clark
Seiciatrydd Plant a Phobl Ifanc Ymgynghorol Gwasanaeth OCD,
BDD ac Anhwylderau Cysylltiedig Cenedlaethol ac Arbenigol
ar gyfer Pobl Ifanc, Ysbyty Maudsley a Chyfarwyddwr Clinigol
CAMHS, Ymddiriedolaeth GIG De Llundain a Maudsley

NEGES GAN FERCH IFANC A BDD ARNI

Emily ydw i. Dwi'n 18 oed ac mae anhwylder dysmorffia'r corff (*BDD: body dysmorphic disorder*) arna i. Oherwydd fy BDD, roeddwn i'n edrych yn y drych yn aml, yn treulio oriau yn coluro ac yn ymbincio. Byddwn i'n treulio'r rhan fwyaf o'r diwrnod yn meddwl am sut olwg oedd arna i a pha mor hyll roeddwn i. Roedd yn effeithio ar fy mywyd pob dydd; byddwn i'n gwrthod mynd i'r ysgol ac yn creu esgusodion er mwyn peidio â chymdeithasu â ffrindiau. Wrth edrych yn ôl, dwi'n sylweddoli effaith negyddol y cyfryngau cymdeithasol ar fy salwch. Roeddwn i'n fy nghymharu fy hun â delweddau Photoshop afrealistig o enwogion a modelau. Ar ben hynny, roeddwn i'n mynnu chwilio am lawdriniaethau plastig a thriniaethau harddwch ar Google, gan gredu y byddai hynny'n helpu fy hunan-barch. Roeddwn i'n tynnu hunluniau di-rif ac yn eu golygu i wneud iddyn nhw edrych yn dderbyniol i fi.

Mae BDD wedi dwyn fy arddegau; collais i dair blynedd o addysg, felly does gen i ddim cymwysterau o gwbl. Methais i fynd i'r prom nac ar dripiau ysgol, nac i benblwyddi na phartïon ffrindiau. Collais i sawl aduniad Dolig a gwyliau tramor gyda fy nheulu – dyna'r tristwch mwyaf i fi.

Doedd cael diagnosis o'r salwch ddim yn broses gyflym na syml. Cefais fy nghyfeirio at arbenigwr am y tro cyntaf pan oeddwn i'n 12 oed. Roedd fy lefelau gorbryder wedi codi'n sylweddol pan es i i'r ysgol uwchradd. Roeddwn i'n teimlo nad oeddwn i'n perthyn yno a bod fy nghyfoedion yn fy meirniadu i. Byddwn i'n cael sesiynau therapi wythnosol ac yn rhoi cynnig ar wahanol ddosau o sawl cyffur er mwyn gweld pa un oedd yn gweithio orau i fi. Ces i bob math o brofion er mwyn gallu diystyru awtistiaeth ac anhwylderau personoliaeth. Ces fy nadrithio yn y pen draw – roeddwn i wedi cael llond bol ar drafod fy ngorbryder ac yn aml roeddwn i'n gwrthod mynd i'r sesiynau. Dyna oedd ar goll – diagnosis a llwybr tuag at wella.

Yn 13 oed, a minnau'n ysu i gael rhywfaint o reolaeth yn ôl ar fy mywyd, dyma fi'n troi at anorecsia a threulio chwe mis mewn clinig arbenigol. Ces i adael yn y pen draw, ar ôl gwella'n llwyr o'r anhwylder bwyta a oedd gen i, ond roedd problemau sylfaenol BDD yn dal i fod yno. Dyna ddechrau tair blynedd o ddicter, gwrthryfel, iselder a hunan-niweidio.

Er i fi gael cwnsela a thriniaeth ar gyfer gorbryder, aeth pum mlynedd heibio cyn i fi gael diagnosis o BDD. Ym mis Ionawr 2016, ces fy nghyfeirio at ysbyty Maudsley a chael asesiad o'r diwedd ym mis Mai 2016 a dechrau ar driniaeth yno. Roeddwn i'n amheus i ddechrau. Doeddwn i ddim yn meddwl y byddai'r driniaeth yn helpu. Roeddwn i'n disgwyl gorfod egluro fy holl fywyd unwaith eto i rywun-rywun nad oedd yn deall fawr ddim am fy sefyllfa. Roeddwn i wedi cael llond bol a doedd gen i fawr ddim gobaith. Roeddwn i'n gyfarwydd â CBT eisoes, felly'n gwybod beth i'w ddisgwyl ac yn gwybod y byddai'r driniaeth yn heriol.

Mae Maudsley yn Llundain, taith o tua awr a hanner o fy nghartre, felly roedd hynny ynddo'i hun yn her. Roedd y sesiynau cyntaf yn Maudsley yn agoriad llygad. O'r diwedd, roedd gen i rywun a oedd yn fy neall i ac yn gallu cydymdeimlo â fi. Roeddwn i'n teimlo cysylltiad go iawn â'r therapydd. Roedden ni'n chwerthin yn ystod ein sesiynau ac roeddwn i wir yn mwynhau ei chwmni. Er hynny, doedd o ddim yn hwyl i gyd. Roedd gorfod herio fy meddyliau a fy swildod yn anodd ac yn fy mlino'n feddyliol, ond roedd hefyd yn deimlad gwerth chweil.

Fy nghyngor i i unrhyw un sy'n profi'r driniaeth yma yw mynd yno â meddwl agored a'r bwriad o fod eisiau gwella. Dwi hefyd yn meddwl ei bod hi'n bwysig iawn dy fod ti'n dod ymlaen gyda dy therapydd ac yn teimlo dy fod ti'n gallu dweud unrhyw beth wrtho neu wrthi. Byddi di *yn* baglu, ond mae hyn yn normal ac yn rhan o'r broses o wella.

Erbyn hyn dwi'n 18 oed ac wedi cysylltu eto â fy ffrindiau. Rydyn ni'n mynd allan yn rheolaidd a dwi nawr yn dechrau mwynhau fy arddegau. Mae'n deg dweud does dim hudlath y galli di ei chwifio i wneud i'r cyfan ddiflannu. Mae'r gorbryder yn dal i fod yno, ond dwi wedi dysgu ymdopi'n well â'r cyflwr. Dwi wedi cael dulliau i ymdopi sy'n fy nysgu i roi llai o bwysau arna i fy hun a bod yn hapusach yn fy nghroen. Mae therapi yn cynnig llawer o ddulliau ymdopi a'r gyfrinach yw dod o hyd i'r rhai sy'n gweithio orau i ti.

Pob hwyl i ti gyda dy driniaeth; cofia ddal ati i fod yn optimistaidd ac yn obeithiol. Rwyt ti'n gallu gwella ac ymdopi â gorbryder a BDD, ac yn y pen draw byddi di'n gallu byw bywyd cymharol normal a bod yn hapus.

Emily Brookes

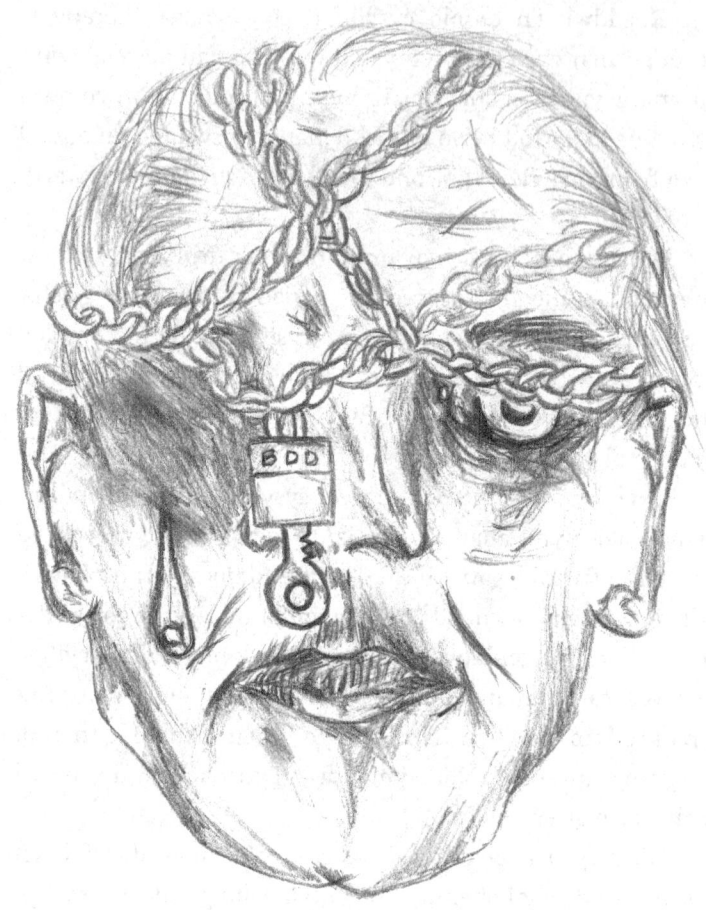

Rory Daniels

1
BETH YW BDD AC OES BDD ARNA I?

Bydd y bennod hon yn trafod:
- beth yw BDD a sut mae'n wahanol i bryderon arferol am sut olwg sydd arnat ti
- y pryderon cyffredin sy'n gysylltiedig â BDD
- yr ymddygiadau cyffredin sy'n gysylltiedig â BDD
- sut mae BDD yn wahanol i anhwylderau bwyta
- beth yw dysmorffia'r cyhyrau
- sut mae penderfynu a oes BDD arnat ti ai peidio.

Gan dy fod ti'n darllen y llyfr hwn, mae'n amlwg dy fod ti'n poeni am dy olwg neu'n adnabod rhywun sydd yn y sefyllfa honno. Efallai dy fod ti'n meddwl, 'Ond mae'n siŵr ei bod hi'n normal i rywun boeni am ei olwg?' Wel, mae hynny'n ddigon gwir! Mae bron pawb yn poeni am eu golwg o bryd i'w gilydd, yn enwedig pan maen nhw yn eu harddegau, a dydy hynny ddim o reidrwydd yn broblem. Ond i rai pobl ifanc, mae'r pryderon hyn yn tyfu fel caseg eira. Mae gorbryder am eu golwg yn gallu cyrraedd lefel pan maen nhw'n llethu bywyd pobl ifanc, gan wneud iddyn nhw deimlo'n ddiflas a'u rhwystro rhag gwneud gweithgareddau pob dydd. Os yw hyn wedi digwydd i ti, mae'n werth ystyried a oes anhwylder dysmorffia'r corff arnat ti (BDD).

Beth yw anhwylder dysmorffia'r corff?

Poeni am ddiffygion o ran ei olwg mae unigolyn yn credu sydd ganddo – dyna yw BDD yn y bôn. Mae'r diffygion hyn yn bethau mae pobl eraill yn methu eu gweld, neu'n bethau dydyn nhw ddim yn sylwi arnyn nhw ar y cyfan. Er enghraifft, gall person ifanc sydd â BDD dreulio oriau bob dydd yn poeni bod ei drwyn yn gam, er ei fod yn edrych yn hollol normal i bobl eraill. Weithiau, o dynnu sylw ato, mae pobl eraill yn gallu gweld y diffyg o ran golwg. Ond maen nhw'n ystyried y diffyg yn rhywbeth na fydden nhw'n sylwi arno fel arfer, er ei fod yn teimlo'n amlwg iawn i'r person ifanc. Felly yn hyn o beth, mae modd disgrifio BDD fel problem diffyg hyder.

Gyda BDD, mae pryderon am olwg yn aml yn llethol ac yn achosi gofid mawr i bobl ifanc. Mae'n bosibl y byddan nhw'n teimlo'n bryderus, yn isel eu hysbryd, neu'n teimlo ffieidd-dod neu gywilydd o'u golwg. Ar ben hynny, mae pobl ifanc sydd â BDD yn tueddu i ddweud bod eu pryderon am eu golwg yn eu rhwystro rhag gwneud y pethau maen nhw'n dymuno'u gwneud. Mae'n bosibl y byddan nhw'n osgoi sefyllfaoedd penodol, fel mannau â goleuadau llachar. Neu efallai y byddan nhw'n osgoi amrywiaeth llawer ehangach o sefyllfaoedd, fel yr ysgol a gweithgareddau cymdeithasol. Pan fydd y BDD yn ddifrifol iawn, gall fod yn anodd i bobl ifanc adael y tŷ o gwbl, oherwydd eu bod nhw'n poeni cymaint am eu golwg a beth bydd pobl eraill yn ei feddwl amdanyn nhw. Mae pobl ifanc sydd â BDD hefyd yn gwneud pethau i geisio ymdopi â'u pryderon, fel gwirio neu orchuddio eu diffyg/diffygion tybiedig. Mae hyn yn gallu cymryd llawer iawn o amser ac yn digwydd ar draul bwrw ymlaen â gweithgareddau pwysig eraill, fel gweld ffrindiau neu wneud gwaith cartref. Os yw'r disgrifiad hwn yn taro tant, y peth cyntaf i'w ddweud yw nad wyt ti ar dy ben dy hun. Efallai y byddi di'n synnu clywed bod BDD yn gymharol gyffredin ac yn effeithio ar tua 2% o bobl ifanc ac oedolion. Ar gyfartaledd, mewn ysgol o 1,000 o ddisgyblion, mae hynny'n golygu y bydd 20 o bobl ifanc a BDD arnyn nhw. Mae'r anhwylder yn effeithio ar fechgyn a merched, ac mae'n gallu dechrau ar unrhyw oed, er ei fod fel arfer yn dechrau yn ystod yr arddegau. Yn anffodus, dydy diagnosis o BDD ddim yn digwydd yn aml oherwydd bod pobl yn teimlo gormod o gywilydd i sôn amdano a does dim llawer yn ymwybodol o'r anhwylder. Weithiau, bydd pobl sydd â BDD yn meddwl y byddan nhw'n rhoi'r argraff eu bod nhw'n falch (*vain*) os ydyn nhw'n sôn wrth neb am eu pryderon am eu golwg. Mae'n bwysig iawn pwysleisio *nad* yw BDD yn ymwneud â balchder. Y gwrthwyneb sy'n wir fel mae'n digwydd. Mae pobl sydd â BDD yn poeni am ddiffygion tybiedig yn eu golwg, ac fel arfer yn poeni eu bod nhw'n edrych yn hyll neu fod nam arnyn nhw.

A oes BDD arna i neu a oes diffyg go iawn yn fy ngolwg?

Gyda BDD, mae pobl ifanc yn poeni am ddiffygion yn eu golwg – diffygion nad oes neb arall yn sylwi arnyn nhw, ar y cyfan. Weithiau, mae pobl ifanc sydd â BDD yn derbyn hynny, ac yn cydnabod eu bod nhw'n poeni mwy nag sydd raid mewn gwirionedd. Fodd bynnag, bydd llawer yn argyhoeddedig bod rhywbeth corfforol go iawn o'i le ar eu golwg. Hyd yn oed os yw pobl eraill yn dweud eu bod nhw'n edrych yn iawn, dydyn nhw ddim yn credu hynny a dydy ceisio'u cysuro ddim yn helpu. Weithiau, bydd pobl ifanc yn meddwl bod BDD yn amherthnasol iddyn nhw oherwydd bod eu diffygion o ran golwg yn real. Mae'n bwysig ceisio osgoi hel meddyliau am a ydy dy bryderon am dy olwg yn ddiffygion 'go iawn' ai peidio. Pryder a chywilydd am sut olwg sydd arnat ti, teimlo'n ofidus a chael anhawster byw dy fywyd bob dydd – dyna yw BDD yn y bôn. Os yw hyn yn wir amdanat ti, mae'n bosibl bod BDD arnat ti ac mae'n werth i ti ofyn am help (gweler Pennod 6, Triniaeth ar gyfer BDD).

Beth yw pryderon cyffredin BDD?

Mae'r rhan fwyaf o bobl sydd â BDD yn poeni am sawl agwedd ar eu golwg. Y pryderon mwyaf cyffredin yw nodweddion yr wyneb fel croen, gwallt, trwyn, llygaid, gên a dannedd. Ond gall unrhyw ran o'r corff achosi pryder, gan gynnwys organau cenhedlu. Dydy rhai pobl sydd â BDD ddim yn poeni am nodweddion penodol. Yn hytrach, maen nhw'n dweud eu bod nhw'n teimlo'n hyll yn gyffredinol. Bydd eraill yn mynnu nad ydyn nhw'n poeni am eu nodweddion unigol ond eu bod yn teimlo nad yw popeth yn 'mynd gyda'i gilydd' yn iawn. Weithiau, bydd pobl ifanc yn poeni eu bod nhw'n edrych yn rhy fenywaidd (e.e. bod eu hysgwyddau'n rhy gul) neu'n rhy wrywaidd (e.e. bod eu dwylo'n rhy fawr), neu fod golwg wahanol arnyn nhw o gymharu â'u teulu neu grŵp diwylliannol (e.e. mae eu croen yn rhy olau neu'n rhy dywyll).

Pa ymddygiadau cyffredin sy'n gysylltiedig â BDD?

Fel arfer, mae pobl ifanc sydd â BDD yn gwneud pethau ailadroddus i geisio ymdopi â'u pryderon ynglŷn â'u golwg. Er enghraifft, maen nhw'n ceisio cuddio neu dynnu sylw oddi ar eu diffyg tybiedig drwy ei orchuddio â dillad (e.e. gwisgo het neu hŵd i orchuddio eu gwallt), defnyddio gormodedd o golur (e.e. *foundation* i orchuddio eu croen) neu ddefnyddio rhannau eraill o'u corff (e.e. dal eu llaw o flaen eu ceg wrth siarad i guddio'u dannedd). Maen nhw hefyd yn treulio llawer iawn o amser yn edrych ar eu hunain yn y drych neu unrhyw beth arall sy'n rhoi adlewyrchiad (e.e. ffenestri). Ar y llaw arall, mae rhai pobl ifanc yn osgoi drychau gan fod hynny'n achosi gormod o ofid iddyn nhw. Mae hefyd yn gyffredin iawn i bobl ifanc sydd â BDD dreulio llawer o amser yn ymbincio – ar wisgo colur neu ddefnyddio cynnyrch cosmetig. Unwaith eto, mae'n bwysig pwysleisio nad balchder sydd wrth wraidd yr ymddygiadau hyn. Yn hytrach, maen nhw'n cael eu hysgogi gan orbryder am eu golwg. Dydy pobl ifanc sydd â BDD ddim yn ceisio perffeithrwydd o ran eu golwg – ceisio cywiro'r diffygion maen nhw'n credu sydd ganddyn nhw i drio edrych yn 'normal' maen nhw.

Mae llawer o bobl ifanc sydd â BDD yn dweud eu bod nhw'n aml yn edrych ar olwg pobl eraill ac yn cymharu hynny â'u golwg nhw eu hunain. Weithiau, bydd hyn yn digwydd ar-lein, a phobl ifanc yn treulio oriau lawer yn cymharu lluniau â nhw eu hunain. Mae ceisio sicrwydd gan eraill hefyd yn rhywbeth cyffredin – er enghraifft, drwy ofyn i aelodau'r teulu a oes golwg iawn arnyn nhw byth a hefyd. Mae rhai pobl ifanc sydd â BDD yn troi at ymddygiadau sy'n gwneud niwed iddyn nhw eu hunain wrth geisio gwella'u golwg. Er enghraifft, mae'n bosibl y byddan nhw'n pigo eu croen drosodd a throsodd mewn ymdrech i gael gwared ar frychau y maen nhw'n tybio sydd ganddyn nhw. Yn aml, bydd hyn yn gwneud pethau'n waeth oherwydd gallai achosi creithio. Bydd hyn yn gwneud iddyn nhw bryderu mwy am eu golwg.

Beth yw'r gwahaniaeth rhwng BDD ac anhwylder bwyta?

Nid BDD yw'r unig gyflwr sy'n cael ei nodweddu gan bryderon oherwydd golwg. Mae pobl sydd ag anhwylderau bwyta hefyd yn poeni am sut olwg sydd arnyn nhw. Y prif wahaniaeth rhwng anhwylderau bwyta a BDD yw bod anhwylderau bwyta yn cael eu nodweddu gan bryderon am bwysau a siâp y corff, sy'n arwain at batrymau bwyta afiach (e.e. gorfwyta mewn pyliau neu gyfyngu ar fwyta) mewn ymgais i golli pwysau. Mae hyn yn wahanol i BDD – dydy hwn ddim fel arfer yn arwain at bryderon cyffredinol am fod yn rhy dew neu bwyso gormod, nac fel arfer yn gysylltiedig ag anawsterau bwyta.

Beth yw dysmorffia'r cyhyrau?

Mae dysmorffia'r cyhyrau yn fath arbennig o BDD lle mae pobl ifanc yn poeni am faint a siâp y cyhyrau. Mae'n fwy cyffredin mewn bechgyn na merched ac mae'n aml yn golygu poeni am edrych yn rhy fach neu'n rhy wan. O ganlyniad, mae pobl ifanc sy'n byw gyda dysmorffia'r cyhyrau yn aml yn gwneud pethau eithafol i wneud eu cyrff yn fwy cyhyrog drwy newid eu deiet (e.e. dilyn deiet uchel mewn protein a chymryd atchwanegiadau (*supplements*)) a threulio gormod o amser yn gwneud ymarfer corff.

Sut rydw i'n gwybod a oes BDD arna i?

Gweithiwr gofal iechyd proffesiynol cymwys ddylai roi diagnosis o BDD. Paid â cheisio gwneud dy ddiagnosis dy hun. Ond galli di gael syniad a yw BDD yn debygol ai peidio drwy ateb y cwestiynau isod.

OES BDD ARNA I?

1. Wyt ti'n treulio awr neu fwy bob dydd yn poeni am sut olwg sydd arnat ti?

2. Wyt ti'n sylwi dy fod ti'n gwneud llawer o bethau (e.e. edrych mewn drych, ymbincio) a/neu'n meddwl mewn ffordd benodol (e.e. yn cymharu dy olwg di â golwg pobl eraill) i drio ymdopi â dy bryderon oherwydd dy olwg?

3. Ydy gorbryder oherwydd dy olwg yn gwneud i ti deimlo'n ddiflas (e.e. pryder, iselder neu gywilydd) a/neu yn dy rwystro di rhag gwneud dy bethau pob dydd (e.e. cymdeithasu, mynd i'r ysgol neu weithgareddau hamdden)?

4. Ydy dy bryderon oherwydd dy olwg yn canolbwyntio ar fod yn rhy dew neu'n rhy drwm?

Os mai 'ydw/ydyn' yw atebion cwestiynau 1–3 ac 'nac ydyn' yw ateb cwestiwn 4, mae'n bosibl bod BDD arnat ti ac y dylet ti siarad â gweithiwr gofal iechyd proffesiynol.

Os wyt ti'n meddwl bod BDD arnat ti, mae'n bwysig gofyn am help. Y cam cyntaf yw siarad â dy feddyg teulu. Mae'n debyg y cei di dy gyfeirio am asesiad gan weithiwr iechyd meddwl proffesiynol a fydd yn dy helpu i ddeall a oes BDD arnat ti ai peidio. Mae'r broses hon yn gallu swnio'n frawychus, ond gofyn am help yw'r cam cyntaf tuag at wella. Os oes BDD arnat ti, mae gofyn am help yn bwysig iawn oherwydd bod triniaeth effeithiol ar gael (gweler Pennod 6, Triniaeth ar gyfer BDD).

PETHAU I'W COFIO

- ✓ Pryderon oherwydd dy olwg sy'n achosi gofid ac yn rhwystro dy fywyd o ddydd i ddydd – dyna sy'n nodweddu BDD.

- ✓ Mae BDD yn gymharol gyffredin ac mae'n dechrau yn ystod llencyndod fel arfer.

- ✓ Dydy pobl ifanc sydd â BDD ddim yn bobl falch.

- ✓ Ceisia beidio â chael dy gaethiwo yn dadansoddi a yw dy bryderon di am dy olwg yn ddiffygion corfforol 'go iawn' ai peidio. Yn hytrach, canolbwyntia ar y pryderon. Ydyn nhw'n dy wneud ti'n ddiflas ai peidio? Ac ydyn nhw'n rhwystro dy fywyd arferol?

- ✓ Os wyt ti'n meddwl efallai fod BDD arnat ti, mae'n bwysig gofyn am help.

2

PAM MAE POBL YN CAEL BDD?

Bydd y bennod hon:
- yn dy helpu i ddeall mwy am achosion posibl BDD
- yn amlinellu'r ffactorau biolegol, amgylcheddol a seicolegol sy'n ei gwneud hi'n fwy tebygol o ddatblygu BDD.

Felly os wyt ti wedi cael diagnosis o BDD, mae'n bosibl dy fod ti'n gofyn, 'Pam mae BDD arna i a beth sydd wedi ei achosi?' Hefyd mae'n ddigon cyffredin i deuluoedd a pherthnasau ddweud eu bod nhw'n awyddus i wybod 'beth sydd wedi achosi' y salwch.

Yn anffodus, dydyn ni'n dal ddim yn gwybod beth yn union sy'n achosi BDD, ond mae gwyddonwyr wrthi'n ymchwilio i hyn. Ond rydyn ni yn gwybod nad oes bai ar neb os oes BDD arnat ti – does dim bai arnat ti, ar dy rieni nac ar neb arall. Rydyn ni hefyd yn gwybod – fel gyda llawer o gyflyrau iechyd meddwl eraill – ei bod hi'n debyg nad oes un peth penodol yn achosi BDD. Mae'n fwy tebygol o fod yn ganlyniad cyfuniad o bethau sy'n gwneud pobl yn fwy agored i ddatblygu'r cyflwr yn ystod eu hoes. Er bod gwyddonwyr yn dal i weithio ar ddarganfod beth sy'n achosi BDD, mae modd rhannu ffactorau 'risg' neu 'wendid' i'r cyflwr yn dri chategori: biolegol, cymdeithasol–ddiwylliannol (neu 'amgylcheddol') a seicolegol.

Ffactorau 'risg' biolegol

Wrth ystyried y ffactorau 'risg' biolegol sy'n gwneud rhywun yn fwy tebygol o ddatblygu BDD, rydyn ni'n meddwl am enynnau, cemegion a rhannau'r ymennydd. Daeth i'r amlwg bod BDD yn rhedeg mewn teuluoedd. A dweud y gwir, mae perthynas â'r un cyflwr gan hyd at 10% o bobl sydd â BDD. Mae gwyddonwyr yn tybio bod hyn yn rhannol oherwydd bod unigolion yn etifeddu'r 'genynnau BDD'. Yn anffodus, rydyn ni heb adnabod y 'genynnau BDD' ac mae'n annhebygol mai un genyn sy'n achosi'r cyflwr. Yn sgil hynny, mae gwaith ymchwil yn parhau i ymchwilio i beth yw rhan genynnau yn BDD. Mae'r risg i unigolyn gael BDD yn cynyddu os yw'r cyflwr, neu broblemau pryder a hwyliau eraill, ar berthynas biolegol iddo. Ond mae'n bwysig gwybod hefyd na fydd y cyflwr yn taro pawb sydd â gwendid genetig iddo.

O ran ffactorau biolegol eraill, mae gwyddonwyr yn credu y gallai diffyg yng ngweithgaredd cemegyn o'r enw serotonin yn yr ymennydd fod yn gyfrifol am symptomau BDD. Gwelwyd bod math o feddyginiaeth o'r enw atalyddion ailafael serotonin-benodol (*SSRIs: selective serotonin reuptake inhibitors*) yn gwella symptomau BDD. Mae'r feddyginiaeth hon yn atal yr ymennydd rhag amsugno serotonin (sy'n golygu bod mwy ohono ar gael), ac mae hyn yn helpu i leddfu'r symptomau (gweler Pennod 6, Triniaeth ar gyfer BDD).

Yn olaf, mae'n bosibl bod nifer o rannau'r ymennydd – fel yr amygdala, y striatwm a rhannau eraill ohono – yn rhan o'r rheswm pam mae rhai pobl yn datblygu BDD. Yn benodol, gwelwyd bod gan bobl sydd â BDD lai o weithgaredd yn rhannau'r ymennydd sy'n ymwneud â phrosesu yr hyn rydyn ni'n ei weld. Gallai'r lefel is o weithgaredd yn yr ymennydd esbonio pam mae pobl â BDD yn hoelio eu sylw neu'n canolbwyntio'n ormodol ar fanylion eu golwg yn hytrach nag edrych ar y darlun ehangach.

Ffactorau 'risg' cymdeithasol-ddiwylliannol

Mae ffactorau cymdeithasol-ddiwylliannol neu 'amgylcheddol' yn gallu cynyddu'r siawns o ddatblygu BDD. Er enghraifft, mae profiadau negyddol neu annifyr yn ystod plentyndod (e.e. dioddef pryfocio, bwlio neu gyfoedion yn eu gwrthod) yn gallu cyfrannu at rywun yn teimlo'n fwy hunanymwybodol am ei olwg a datblygu pryderon am ddelwedd corff. Mae pobl ifanc sydd â BDD yn aml yn sôn bod eu pryderon am ddelwedd corff wedi dechrau tua'r adeg pan oedden nhw'n cael eu pryfocio neu eu bwlio yn yr ysgol. Dydy hyn ddim yn golygu y bydd pawb sy'n cael ei bryfocio neu ei fwlio yn datblygu BDD, ond mae profiadau negyddol o'r fath yn gallu cynyddu neu ffurfio gorbryder unigolyn am sut olwg sydd arno a/neu sut olwg y dylai fod arno.

Weithiau, mae pobl yn profi digwyddiadau brawychus neu ddigwyddiadau sy'n achosi straen (e.e. damwain, symud tŷ, rhywun annwyl yn marw, colli cyfeillgarwch, straen yn y teulu). Mae'r cyfnodau anodd hyn mewn bywyd yn gallu ysgogi symptomau BDD weithiau. Rydyn ni'n gwybod bod symptomau BDD yn gallu gwaethygu yn ystod adegau llawn straen, sy'n awgrymu bod straen yn chwarae rhan yn y cyflwr.

Mae pwysau cymdeithasol a diwylliannol i fod yn 'brydferth' ac yn 'berffaith', neu'n 'ddi-nam', yn ffactorau risg pwysig (amhenodol) o ran BDD, gan eu bod yn cyfrannu at obsesiwn am ddelwedd corff a gorbryder am sut olwg sydd arnon ni. O'n cwmpas ym mhob man mae hysbysebion, fideos a lluniau sy'n gwerthu'r syniad o'r 'olwg berffaith' ac sy'n pwysleisio'r angen i ni gydymffurfio drwy brynu pethau penodol – cynnyrch cosmetig, atchwanegyn (*supplement*) i'r deiet, dillad, peiriannau ymarfer corff ac ati. Mae'r safonau harddwch hyn yn afrealistig. Gallan nhw wneud i ni deimlo'n fwy sensitif neu'n hunanymwybodol o'n golwg neu gallan nhw ein sbarduno i wella'r golwg sydd arnon ni. I'r bobl hynny sydd â gwendid o ran pryderon delwedd corff neu BDD, mae'r pwysau i fod yn berffaith yn gorfforol yn gallu bod yn ffactor sy'n cyfrannu at BDD, ond dydy o ddim yn ei achosi.

Ffactorau 'risg' seicolegol

Ffactorau 'risg' seicolegol yw'r enw ar ffactorau eraill rydyn ni'n gwybod sy'n cynyddu'r risg o ddatblygu BDD neu yn ei sbarduno. Fel rydyn ni eisoes wedi sôn, mae gwyddonwyr yn credu bod pobl sydd â BDD yn prosesu yr hyn maen nhw'n ei weld mewn ffordd wahanol. Gwelwyd bod sgiliau cyffredinol prosesu yr hyn mae pobl â BDD yn ei weld yn llai effeithiol. Felly maen nhw'n fwy tebygol o ganolbwyntio gormod ar fanylion wrth edrych ar luniau o wynebau neu wrthrychau, yn hytrach na'r darlun ehangach. Y gred yw bod canolbwyntio'n ormodol ar fanylion yn gallu cyfrannu at BDD (a'i gynnal).

Mae rhai nodweddion personoliaeth – er enghraifft, perffeithiaeth – a phersonoliaethau gorbryderus a/neu swil hefyd yn cael eu hystyried yn ffactorau risg neu'n achosi gwendid (amhenodol) i BDD. Mae 'na sôn bod unigolion sydd â BDD yn profi lefelau uwch o berffeithiaeth na phobl heb

BDD. Mae'n bosibl y bydd unigolion sydd â phersonoliaethau sy'n rhoi gwerth ar fod yn 'berffaith' yn ceisio bodloni safonau afrealistig o uchel, ac y byddan nhw'n teimlo methiant ac yn beirniadu eu hunain os ydyn nhw'n methu bodloni'r nodau hynny. Mae rhywun sydd â'r math hwn o bersonoliaeth yn gallu bod yn fwy tebygol o ddatblygu BDD. Rhai, er enghraifft, sy'n sylwi ar fân ddiffygion mewn golwg ac yn ei chael hi'n anodd derbyn neu oddef amherffeithrwydd. Mae hyn yn cyfrannu at ddatblygiad pryderon delwedd corff.

Mae arbenigwyr ym maes BDD yn aml yn cyfeirio at 'sensitifrwydd esthetig' fel ffactor risg seicolegol penodol o ran datblygu BDD. Hynny yw, bod unigolion yn amrywio o ran eu 'sgiliau esthetig' (neu eu safbwynt ar brydferthwch). Yn yr un modd, mae unigolion yn gallu amrywio o ran 'cerddoroldeb' (eu safbwynt ar gerddoriaeth). Mae'r arbenigwyr hyn yn credu bod ymdeimlad mwy datblygedig o estheteg gan bobl sydd â BDD a'u bod felly yn fwy ymwybodol o'u hunain ac amrywiadau mewn golwg. Mae'r syniad hwn yn cael ei ategu gan y ffaith bod llawer mwy o bobl â'r cyflwr hwn yn dilyn trywydd addysgol neu yrfaol ym myd y celfyddydau a dylunio o'i gymharu â phobl heb BDD. Fel mae'r darluniau sy'n dilyn yn ei ddangos, a'r rhai sydd yn y gyfrol hon drwyddi draw, mae dawn artistig gan lawer o'r bobl ifanc sy'n dod i'n clinig. Mae canlyniadau ymchwil hefyd yn awgrymu bod unigolion sy'n rhoi mwy o werth neu bwys ar brydferthwch yn fwy tebygol o ddatblygu BDD.

Robert Burton

Robert Burton

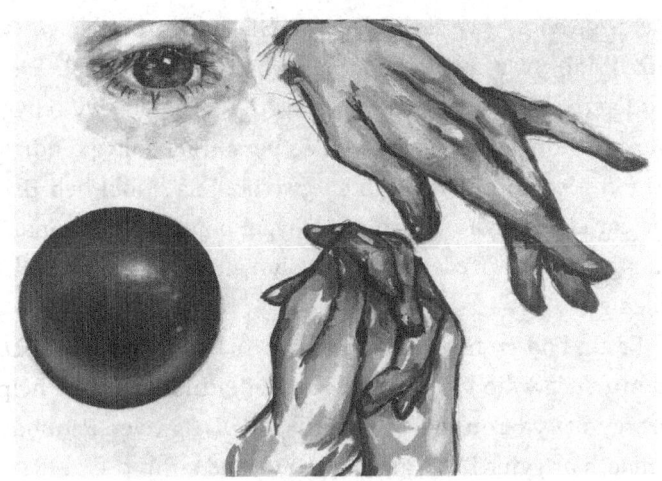

Katie Holland

Elias Marchetti

Ffactor gwendid pwysig arall o ran BDD (a gorbryder yn fwy cyffredinol) yw'r duedd tuag at wybodaeth fygythiol. Yn ôl astudiaeth ddiweddar, mae pobl sydd â BDD yn fwy tebygol o gamddehongli mynegiant wyneb person fel golwg o ddicter neu fod y person hwnnw yn eu gwrthod, na phobl heb BDD. Mae camddehongli o'r fath yn debygol o gyfrannu, cynnal a/ neu atgyfnerthu pryderon yr unigolyn am ddiffygion a hylltra tybiedig.

Er ein bod yn methu bod yn siŵr o'r hyn sy'n achosi BDD, rydyn ni'n gwybod bod triniaethau effeithiol ar gael i helpu i oresgyn pryderon delwedd corff a BDD (gweler Pennod 6, Triniaeth ar gyfer BDD, am ragor o wybodaeth).

PETHAU I'W COFIO

- ✓ Does dim bai ar neb os oes ti BDD arnat ti.
- ✓ Dydyn ni ddim eto yn gwybod beth sy'n achosi BDD, ond rydyn ni'n gwybod bod nifer o ffactorau risg biolegol, cymdeithasol– ddiwylliannol/amgylcheddol a seicolegol yn ei gwneud hi'n fwy tebygol y bydd rhywun yn datblygu BDD.
- ✓ Mae ffactorau 'risg' biolegol yn cynnwys:
  - ○ bod â pherthynas/perthnasau biolegol sydd â BDD neu gyflwr iechyd meddwl arall, fel gorbryder ac iselder
  - ○ anghydbwysedd cemegyn o'r enw serotonin yn yr ymennydd

- lefelau gweithgaredd yn amrywio mewn rhannau penodol o'r ymennydd.
- ✓ Mae ffactorau 'risg' amgylcheddol yn cynnwys:
  - profiadau negyddol plentyndod (e.e. pryfocio/bwlio)
  - straen
  - pwysau cymdeithasol neu ddisgwyliadau o ran harddwch.
- ✓ Mae ffactorau 'risg' seicolegol yn cynnwys:
  - tuedd i ganolbwyntio'n ormodol ar fanylion
  - dangos lefel uwch o 'sensitifrwydd esthetig' (neu sgiliau esthetig) a rhoi gwerth uwch ar ymddangosiad
  - dangos nodweddion personoliaeth penodol (e.e. perffeithiaeth)
  - camddehongli mynegiant wyneb fel golwg ddig neu fod y person yn ei wrthod.

3

EFFAITH BDD

Bydd y bennod hon yn sôn am effeithiau posibl BDD ar y canlynol:

- hwyliau a theimladau pobl
- bywyd cymdeithasol, perthynas ag eraill a hobïau
- teimladau aelodau o'r teulu a'u hymddygiad
- dysgu a'r amser sy'n cael ei dreulio yn yr ysgol neu'r gwaith
- faint o arian mae pobl yn ei wario.

Cyn i ni drafod effaith BDD, mae'n bwysig pwysleisio bod triniaethau effeithiol ar gael (gweler Pennod 6, Triniaeth ar gyfer BDD). Rydyn ni'n tynnu sylw at hyn nawr gan ei bod hi'n bwysig i ti wybod y gall y pethau rydyn ni'n eu trafod yn y bennod hon wella.

Hwyliau

Os wyt ti'n profi BDD, mae'n debyg y byddi di wedi sylwi ar sawl newid yn dy hwyliau. Mae unigolion sydd â BDD wedi disgrifio llawer o emosiynau negyddol, gan gynnwys gorbryder, tristwch neu hwyl isel, diffyg hunan-barch (yn meddwl eu bod yn dda i ddim neu'n ddi-werth) neu ffieidd-dod tuag atyn nhw eu hunain. Efallai y bydd hi'n anodd iddyn nhw fwynhau'r pethau roedden nhw'n arfer eu mwynhau, y bydd ganddyn nhw lai o egni, y bydd hi'n anodd iddyn nhw ganolbwyntio neu y byddan nhw'n profi problemau bwyta neu gysgu (naill ai gormod neu rhy ychydig). Wrth i'r person ifanc â BDD hoelio cymaint o'i sylw ar ei olwg, bydd yr holl bethau eraill a oedd yn bwysig iddo ac a oedd yn gwneud iddo deimlo ei fod wedi cyflawni rhywbeth yn lleihau. Yn aml bydd y gorbryder yn cynyddu yn sgil hyn. Yn anffodus, bydd modd cuddio BDD a theimladau yn ei gylch yn aml, sy'n golygu y bydd unigolyn yn gorfod rheoli'r pethau anodd hyn ar ei ben ei hun.

Fel sawl un arall sydd â BDD, efallai dy fod ti wedi ceisio gofyn am help ond doedd neb wedi deall dy anawsterau. Efallai dy fod ti wedi cael diagnosis gwahanol (iselder, gorbryder cymdeithasol neu anhwylder bwyta) neu fod dy bryderon wedi cael eu diystyru a'u labelu fel pryderon 'arferol' yr arddegau. Os wyt ti wedi cael cynnig triniaeth lai defnyddiol o ganlyniad i hyn, efallai dy fod ti'n teimlo bod pobl yn dy gamddeall yn fwy nag erioed, a dy fod yn anobeithio am y posibilrwydd o allu gwella. Efallai dy fod ti wedi troi at gyffuriau neu alcohol i drio rheoli dy deimladau. Ar ei waethaf, dydy hi ddim yn anghyffredin i bobl sydd â BDD deimlo dydyn nhw ddim eisiau byw, oherwydd eu pryderon a'u teimladau am eu golwg.

Effaith gymdeithasol

Mae'n debyg y byddi di wedi sylwi bod BDD yn ei gwneud hi'n anoddach bod o gwmpas pobl eraill, efallai oherwydd dy fod ti eisiau cuddio dy olwg gorfforol di oddi wrthyn nhw. Weithiau, bydd pobl ifanc yn dweud ei bod hi'n anodd edrych i fyw llygaid pobl eraill, neu siarad neu ymwneud â nhw. Un rheswm am hynny yw dwyt ti ddim am wneud na dweud dim byd i dynnu sylw neb arall at dy olwg di. Pan fyddi di mewn sefyllfaoedd cymdeithasol, rwyt ti'n canolbwyntio'n bennaf ar dy olwg, felly dwyt ti ddim yn gallu mwynhau cwmni pobl eraill yn iawn na chlywed eu safbwyntiau.

Mae rhai pobl ifanc yn rhoi'r gorau i fynd i glybiau neu wylio timau chwaraeon – y pethau roedden nhw unwaith yn eu mwynhau. Mae eraill yn teimlo'r angen i dreulio llawer o amser yn y gampfa neu'n gwneud ymarfer corff (ond y duedd yw bod rhywun yn gwneud hyn ar ei ben ei hun, a bydd yn mynd ag unrhyw amser sbâr ar gyfer gweithgareddau cymdeithasol eraill). Mae treulio amser yng nghwmni ffrindiau neu bobl eraill yn gallu arwain at gymharu dy nodweddion corfforol di â'u rhai nhw, a gall hynny fod yn rhwystr ac yn ergyd i gyfeillgarwch. Efallai dy fod ti hefyd yn poeni y bydd pobl yn meddwl dy fod ti'n berson balch os ydyn nhw'n sylwi faint o amser rwyt ti'n ei dreulio yn gwirio dy olwg neu yn ei wella. Mae problemau unigolyn â'i olwg yn gallu arwain at osgoi rhyw neu berthynas, neu gall ymddygiadau BDD fynd â chymaint o amser fel ei bod hi'n amhosibl treulio digon o amser gyda phartner. Ar ei waethaf, mae BDD yn gallu atal pobl rhag gadael y tŷ yn llwyr, neu hyd yn oed adael eu hystafell wely.

Bywyd teuluol a pherthynas ag eraill

Efallai y bydd aelodau o dy deulu wedi sylwi eu bod nhw'n ymddwyn mewn ffordd benodol i drio lleddfu dy orbryder. Gallai hyn gynnwys dy helpu â dy drefn ymbincio neu wirio, neu gynnig sicrwydd cyson i ti am dy olwg. Er y bydd eu hymdrechion wedi rhoi rhywfaint o ryddhad i ti ar y dechrau, efallai, bydd unrhyw fanteision yn pylu gydag amser gan gyrraedd y pwynt o fod yn ddi-fudd. Er enghraifft, mae pobl ifanc wedi dweud wrthyn ni am berthnasau sy'n ceisio cynnig tawelwch meddwl iddyn nhw drwy ddweud pethau fel, 'Rwyt ti'n edrych yn iawn', a bod hynny'n gwneud iddyn nhw deimlo eu bod yn cael eu camddeall neu mai celwydd yw'r cyfan.

Ar y dechrau, mae unigolion sy'n profi BDD yn gallu anghytuno yn aml fod y diagnosis yn berthnasol iddyn nhw. Mae'n bosibl eu bod nhw'n meddwl mai problem gorfforol yw hi, nid un seicolegol. Pan fydd teuluoedd yn anghytuno am wir natur y 'broblem', mae tensiynau yn gallu cynyddu'n arw. Gall person ifanc deimlo'n rhwystredig iawn â rhiant sy'n gweld pethau'n wahanol, ac i'r gwrthwyneb. Mae rhai teuluoedd wedi dweud bod hyn yn gallu arwain at ymddygiad corfforol ymosodol, yn enwedig os yw'r person ifanc yn credu bod ei riant yn atal y pethau mae'n teimlo gorfodaeth i'w gwneud (gorfodaethau), neu yn ei rwystro rhag cael gafael ar driniaethau neu lawdriniaeth gosmetig. Yn anffodus, rydyn ni hefyd wedi clywed am rieni neu frodyr a chwiorydd yn gwneud sylwadau negyddol am olwg person ifanc yn ystod dadl, neu yn ei atal rhag gwneud ei orfodaethau fel 'cosb'. Pan fydd BDD yn arwain at ymddygiad peryglus neu eithafol, fel hunanniweidio, peidio â bwyta neu wrthod gadael y tŷ, mae'n bosibl y bydd aelodau o'r teulu yn poeni'n ofnadwy ac yn teimlo eu bod nhw'n methu gwneud dim i wella byd y person ifanc. Mae'r ddwy ochr yn gallu profi euogrwydd, drwgdeimlad neu rwystredigaeth eithafol.

Mae'n hawdd gweld sut mae gwrthdaro teuluol yn gallu datblygu o ganlyniad i BDD, gan achosi gofid ychwanegol yn y cartref. Rydyn ni'n gwybod bod BDD ac anawsterau gorbryder eraill yn gallu rhedeg mewn teuluoedd. Mewn achosion o'r fath, mae'n anoddach fyth i deuluoedd ddeall sut mae ymateb i bryderon ei gilydd ynghylch yr olwg sydd arnyn nhw. Gallan nhw deimlo nad oes ganddyn nhw ddigon o egni neu nerth emosiynol i ymdopi ag anawsterau yr aelod arall o'r teulu yn ogystal â'u hanawsterau nhw eu hunain.

Effaith ar yr ysgol

Efallai dy fod ti'n un o'r nifer o bobl ifanc sy'n gweld bod BDD yn effeithio ar eu haddysg. Gan ei bod hi'n anodd i rai pobl ifanc sydd â BDD adael y tŷ o gwbl, mae mynd i'r ysgol yn gallu ymddangos yn amhosibl. Mae'r gyfres o ymddygiadau sy'n digwydd cyn gadael y tŷ (e.e. treulio oriau ar wallt a cholur, gwisgo dillad gwahanol a gwirio sut olwg sydd arnyn nhw) yn aml yn golygu cyrraedd yn hwyr. Mae pobl ifanc wedi sôn bod hynny neu resymau eraill yn ymwneud â BDD, fel gwisgo colur neu ddillad sy'n torri rheolau'r ysgol, wedi arwain at fod mewn helynt yn yr ysgol.

Mae'r ymdrech lethol i reoli BDD yn golygu dy fod ti'n gallu teimlo wedi blino'n llwyr yn yr ysgol, heb yr egni i gymryd rhan yn y gwersi. Mae rhai o'r ymddygiadau BDD sy'n codi yn yr ysgol yn cynnwys gadael gwersi i wirio golwg, neu i roi mwy o golur o flaen y drych yn yr ystafell ymolchi. Mae llawer o bobl ifanc yn dweud eu bod nhw wedi osgoi gwersi addysg gorfforol neu ddawns yn benodol, oherwydd eu bod nhw'n sbarduno mwy o feddyliau BDD. Mae'n bosibl y bydd dy olwg ar dy feddwl yn y dosbarth, wrth i ti dreulio amser yn poeni am sut olwg sydd arnat ti. Bydd hynny'n aml yn arwain at fethu dilyn cyfarwyddiadau neu osgoi cymryd rhan yng ngweithgareddau'r dosbarth rhag ofn i ti dynnu mwy o sylw at dy olwg. Mae rhai pobl ifanc wedi dweud eu bod nhw'n mynd yn gaeth i wirio a chymharu lluniau ar-lein wrth ddefnyddio cyfrifiadur mewn gwers, neu yn teimlo eu bod nhw'n gorfod edrych ar luniau neu gyfrifon cyfryngau cymdeithasol ar eu ffôn. Pan fydd anawsterau fel hyn yn effeithio ar allu unigolion i ganolbwyntio ar eu gwaith ysgol, mae eu graddau'n gallu dechrau gwaethygu.

Effaith ariannol

Rydyn ni'n gwybod y bydd pryderon rhai pobl am eu golwg yn achosi'r fath anfodlonrwydd a gofid, byddan nhw'n teimlo mai llawdriniaeth neu driniaethau cosmetig eraill yw'r unig ddewis. Mae'r rhain yn gallu bod yn ddrud, yn enwedig i bobl ifanc sydd heb incwm rheolaidd. Mae'n gallu bod yn anoddach i bobl ifanc gael gafael ar lawdriniaethau mawr mewn clinig, o gymharu ag oedolion; ond mae cost triniaethau salon rheolaidd yn gallu cronni'n gyflym. Er enghraifft, mae'n bosibl y bydd unigolyn sydd â BDD yn talu llawer mwy na'i ffrindiau heb BDD am wacsio, gwely haul, siapio ei aeliau neu am estyn ei amrannau, heb sôn am wario ar gynhyrchion harddwch eraill neu ddillad. Byd pobl ifanc eraill yn gwario ar gynnyrch i wneud eu cyhyrau'n fwy (gan gynnwys steroidau). Gan fod teithio ar gludiant cyhoeddus yn achosi gofid, mae'n bosibl y bydd treuliau ychwanegol eraill fel prisiau tacsi neu gostau petrol yn codi'n aml hefyd. Ac yn y byd gwaith, yn union fel yn y byd addysg, mae dal gafael ar swydd yn gallu bod yn anodd iawn i berson ifanc sydd â BDD. Felly mae'n bosibl na fydd yn gallu dibynnu ar yr arian sy'n dod i law drwy weithio. Rydyn ni hefyd yn clywed gan rieni sydd wedi rhoi'r gorau i weithio er mwyn gofalu am blentyn sydd â BDD. Mae'r ysfa i wneud gorfodaethau BDD yn gallu arwain pobl ifanc i wneud pethau na fydden nhw byth yn eu hystyried fel arall, hyd yn oed pethau sy'n beryglus ac yn anghyfreithlon. Mae hyn yn cynnwys dwyn nwyddau o siopau neu gymryd arian gan rieni neu berthnasau heb ganiatâd.

PETHAU I'W COFIO

✓ Mae BDD yn gallu achosi problemau mewn sawl maes amrywiol, a gall pob un ohonyn nhw gael effaith andwyol ar safon bywyd pobl ifanc.

✓ Mae BDD yn gallu achosi problemau i'r teulu ac i ffrindiau hefyd.

✓ Gall rhan o effaith BDD fod yn amlwg i eraill, ond gall rhan arall o'r effaith aros yn gudd. Gall hyn olygu y bydd oedi cyn i'r person ifanc gael gafael ar y math iawn o gymorth â'i BDD, neu y bydd yn cael ei atal rhag cael gafael yn llwyr ar y cymorth iawn.

4

TRINIAETHAU COSMETIG

Bydd y bennod hon yn trafod:

- beth yw triniaethau cosmetig ac a ydyn nhw'n gweithio os oes BDD arnat ti
- y risgiau sy'n gysylltiedig â defnyddio triniaethau cosmetig os oes BDD arnat ti.

Beth yw triniaethau cosmetig?

Mae triniaethau cosmetig yn cyfeirio at bob math o wahanol driniaethau, gan gynnwys llawdriniaethau mawr fel rhinoplasti (y trwyn neu *'nose job'* fel y mae'n cael ei alw yn Saesneg) neu helaethu'r bronnau (*'boob jobs'*). Yn ogystal, mae llawer iawn o driniaethau cyflymach a llai costus ar gael mewn clinigau harddwch neu glinigau dermatoleg. Mae'r rhain yn cynnwys triniaethau Botox, llenwi gwefusau neu dynnu mannau du (*moles*) am resymau anfeddygol. Mae rhagor o enghreifftiau ar y dudalen nesaf o'r hyn rydyn ni'n ei olygu wrth sôn am driniaethau cosmetig.

MATHAU O DRINIAETHAU COSMETIG

- rhinoplasti (cywiro'r trwyn)
- Botox
- gwahanol fathau o lawdriniaeth
- triniaethau laser (e.e. i leihau crychau neu anghysonderau yn y croen)
- triniaethau i'r croen (e.e. pilio cemegol)
- gwaith ar y dannedd
- electrolysis (e.e. ar gyfer tynnu blew)
- chwistrelliadau neu lenwadau colagen (e.e. i drin 'llinellau chwerthin' neu grychiadau neu i wneud i wefusau/bochau ymddangos yn llawnach)
- helaethu'r bronnau/mewnblaniadau
- labiaplasti (llawdriniaeth i newid ymddangosiad allanol yr organau cenhedlu)

Os wyt ti wedi ystyried cael unrhyw un o'r triniaethau hyn, wedi treulio amser yn ymchwilio ar y we yn chwilio am ymarferydd i wneud y driniaeth neu os wyt ti'n cynilo dy arian ar gyfer triniaeth o'r fath, nid ti yw'r unig un. Trwy weld pobl ifanc yn ein clinig a thrwy waith ymchwil, rydyn ni'n gwybod bod tua 40% o bobl ifanc sydd â BDD naill ai'n awyddus i gael triniaethau cosmetig neu wedi cymryd y camau cyntaf tuag at hynny.

Triniaeth gosmetig – mae'n teimlo fel y peth iawn i'w wneud ond pam?

Fel rydyn ni wedi esbonio yn y penodau blaenorol, mae BDD yn effeithio ar sut mae unigolyn yn ei weld ei hun. Rwyt ti'n gweld dy olwg mewn ffordd wahanol i'r bobl o dy gwmpas ac yn penderfynu mai problem allanol yw hi, yn hytrach nag un sy'n ymwneud â sut rwyt ti'n teimlo amdanat ti dy hun a dy olwg – delwedd corff yw'r enw ar hyn. Mae'n synhwyrol felly dy fod ti'n ceisio 'cywiro' pethau ar y tu allan er mwyn teimlo'n well y tu mewn. Y broblem gyda hyn yw bod ymchwil a phrofiad clinigol yn awgrymu, waeth faint rwyt ti'n ceisio 'cywiro' yr olwg sydd arnat ti yn allanol, fydd hyn ddim yn gwella dy ddelwedd corff a sut rwyt ti'n teimlo am dy olwg os oes BDD arnat ti.

Anfanteision triniaeth gosmetig os oes BDD arnat ti

Mae ambell astudiaeth wedi gofyn i bobl ifanc sydd â BDD beth oedd eu barn nhw ar ôl cael dilyn triniaethau cosmetig. Anfodlonrwydd â'r driniaeth oedd yr ymateb mwyaf cyffredin, a bod pa ran bynnag o'r corff a gafodd ei thrin yn dal i edrych yn 'hyll' neu 'ddim yn iawn'. Dywedodd eraill eu bod yn fodlon â pha ran bynnag o'r corff a gafodd ei thrin, ond eu bod wedi datblygu pryderon wedyn am agweddau eraill ar eu golwg. Yn yr achosion sy'n peri mwyaf o ofid, soniodd rhai eu bod nhw'n fwy anhapus â'u golwg ar ôl cael eu triniaethau cosmetig, gan deimlo'n anobeithiol a hunanddinistriol o ganlyniad. Mae triniaethau cosmetig hefyd yn ddrud iawn. Rydyn ni wedi clywed pobl ifanc yn dweud eu bod nhw wedi dwyn arian, wedi defnyddio cardiau credyd eu rhieni neu hyd yn oed wedi cofrestru gyda gwasanaethau *escort* er mwyn ceisio cynilo'r arian ar gyfer llawdriniaeth. Mae pobl ifanc hefyd wedi sôn am ddweud celwydd am eu hoedran i geisio cael llawdriniaeth heb ganiatâd eu rhieni, neu wedi chwilio am lawfeddygon ar y we sy'n barod i wneud y triniaethau heb yr asesiadau a'r gwiriadau angenrheidiol.

'Dwi'n dal am fwrw 'mlaen â thriniaeth gosmetig'

Hyd yn oed ar ôl dysgu pa mor annhebygol yw hi y bydd triniaethau cosmetig yn helpu, bydd rhai pobl ifanc sydd â BDD yn dal i ddewis hyn. Rhaid i unrhyw feddyg sy'n gwneud llawdriniaeth gosmetig fodloni codau ymddygiad a gofal y Cyngor Meddygol Cyffredinol, Cymdeithas Llawfeddygon Plastig Esthetig Prydain a Choleg Brenhinol y Llawfeddygon. Os bydd person ifanc yn penderfynu bwrw ymlaen â'i fwriad i gael triniaethau cosmetig, yn enwedig llawdriniaeth, bydd angen cefnogaeth briodol arno. Mae teuluoedd a phobl ifanc wedi sôn pa mor fuddiol yw cael sgwrs agored a gonest â'i gilydd, ac â'r gweithwyr proffesiynol a fydd yn gwneud y triniaethau cosmetig, am eu cynlluniau ar gyfer y triniaethau cosmetig a'u pryderon am eu golwg. Mewn rhai achosion, gallai fod yn syniad da i ti hefyd drafod dy gynlluniau â gweithiwr iechyd meddwl proffesiynol, yn enwedig os wyt ti eisoes wedi cael diagnosis o BDD. Er bod yna beryglon i bobl sydd â BDD wrth iddyn nhw ddilyn y llwybr triniaethau cosmetig, mae'n well cael pobl o dy gwmpas a chynllun cymorth ar waith, yn hytrach na mynd ati yn ddirgel a defnyddio gwasanaethau na fyddai o reidrwydd yn dilyn y drefn iawn. Dylai'r gweithwyr proffesiynol sy'n gwneud y triniaethau cosmetig gael gwybod am y pryderon sydd gennyt ti am dy olwg ac am dy ddiagnosis BDD os yw hynny'n berthnasol, er mwyn gwneud yn siŵr y gallan nhw dy gefnogi drwy'r broses hon yn y ffordd fwyaf diogel bosibl.

Yn y llyfr hwn, byddwn yn trafod sut mae cael y driniaeth sy'n canolbwyntio ar yr hyn sy'n digwydd y tu mewn (h.y. dy ddelwedd corff, dy feddyliau a dy deimladau) a bydd gweithio ar ddatblygu dy hyder a dy hunanwerth yn gallu newid dy farn am dy olwg. Ar ddiwedd cyfnod o driniaeth seicolegol ar gyfer BDD, mae llawer o bobl ifanc yn gweld nad ydyn nhw eisiau newid agweddau ar eu hunain drwy ddefnyddio triniaethau cosmetig.

PETHAU I'W COFIO

- ✓ Mae'n beth digon cyffredin i bobl ifanc sydd â BDD fod eisiau triniaethau cosmetig.

- ✓ Mae'n annhebygol iawn y bydd triniaethau cosmetig yn cynnig ateb i dy ofid a dy bryderon am dy olwg. A dweud y gwir, mae siawns y gallai wneud pethau'n waeth.

- ✓ Dydy llawer o bobl ifanc sydd â BDD ddim eisiau triniaethau cosmetig ar ôl cael therapi seicolegol sy'n benodol ar gyfer y cyflwr. Rho gynnig ar hynny'n gyntaf.

- ✓ Er gwaetha'r gwaith ymchwil, os wyt ti'n hollol siŵr dy fod ti am fwrw ymlaen â thriniaethau cosmetig, mae'n well gwneud hyn mewn ffordd agored gyda dy deulu a gyda'r gweithwyr proffesiynol a fydd yn gwneud y driniaeth gosmetig. Sonia wrthyn nhw am y pryderon sydd gennyt ti am dy olwg fel y gallan nhw dy gadw di'n ddiogel.

5

Y RHYNGRWYD A'R CYFRYNGAU CYMDEITHASOL

Bydd y bennod hon yn trafod:

- pam mae cymaint o bobl ifanc sydd â BDD yn treulio oriau ar y we yn chwilio am atebion i'w problemau

- y risgiau sy'n gysylltiedig â defnyddio'r rhyngrwyd a'r cyfryngau cymdeithasol os oes BDD arnat ti

- awgrymiadau ar sut i reoli problemau a pheryglon y rhyngrwyd a'r cyfryngau cymdeithasol pan fydd BDD arnat ti.

Rydyn ni'n dechrau'r adran hon drwy ddweud yn glir dydyn ni ddim yn mynd i argymell dy fod ti'n rhoi'r gorau i ddefnyddio'r rhyngrwyd, y cyfryngau cymdeithasol na dy apiau! Rydyn ni'n gwybod bod y we a'r cyfryngau cymdeithasol yn chwarae rhan bwysig ym mywydau pobl ifanc a bod technoleg yn cynnig llawer iawn o fanteision a hwyl. Ond, bydd yr adran hon yn canolbwyntio ar yr adegau pan fydd ein perthynas â'r cyfryngau cymdeithasol yn arwain at broblemau. Yr adegau hynny pan fyddi di'n teimlo'n bryderus, yn ofidus, wedi cywilyddio neu'n isel wrth ddefnyddio dy ffôn neu dy dabled, yn hytrach na theimlo'n hapus neu'n llawn cyffro.

Yn ogystal ag ymchwilio i driniaethau cosmetig (rydyn ni eisoes wedi cyfeirio at hyn ym Mhennod 4, Triniaethau cosmetig), mae'n bosibl dy fod ti'n treulio oriau yn dy gymharu dy hun ag eraill, yn lanlwytho lluniau ohonot ti dy hun, yn darllen blogiau neu'n gwylio fideos am goluro, y cyfan mewn ymgais i ddod o hyd i'r ateb i dy bryderon am dy olwg. Efallai y byddi di hefyd yn defnyddio'r cyfryngau cymdeithasol i geisio cael dy gysuro am dy olwg, drwy gofrestru ar wefannau lle mae golwg rhywun yn cael ei graddio. Mae perygl i ti gael dy ddal yn sydyn iawn mewn cylch dieflig o ganolbwyntio'n ormodol ar dy olwg. Efallai y byddi di hefyd yn dod i gysylltiad â negeseuon niweidiol am olwg pobl, ac y bydd hynny yn ei dro yn effeithio ar dy ddelwedd corff. Gall gorddefnyddio gwefannau sy'n canolbwyntio ar geisio 'cywiro' neu 'wella' golwg rhywun achosi i ti roi mwy o bwys ar dy olwg nag sydd raid. Mae llawer o wefannau wedi'u cynllunio ar gyfer oedolion neu bobl dros 18 oed. Dwyt ti ddim yn hollol siŵr â phwy rwyt ti'n siarad, a dydy pob safle ddim yn cael ei reoleiddio'n iawn. Mae'n bosibl y cei di gais i anfon lluniau personol ohonot ti dy hun, neu y byddi di'n teimlo dy fod ti'n gorfod cyfarfod â phobl ddieithr rwyt ti wedi dod i gysylltiad â nhw ar y rhyngrwyd. Paid ag anfon unrhyw luniau ohonot ti dy hun nad wyt ti'n hapus i bobl eraill eu gweld. Ar ôl i ti eu hanfon nhw, does gennyt ti ddim rheolaeth dros sut mae'r lluniau hynny'n cael eu defnyddio.

Seiberfwlio

Mae bwlio yn broblem sy'n effeithio ar lawer o bobl ifanc yn eu harddegau. Erbyn hyn mae'n gallu digwydd 24/7 ar ffurf 'seiberfwlio'. Y drwg yw, os yw BDD arnat ti, mae seiberfwlio yn debygol o gael effaith waeth fyth ar dy hwyliau ac ar dy hunan-werth oherwydd dwyt ti ddim yn hoffi rhai agweddau arnat ti dy hun yn barod. Mae'r rhan fwyaf o seiberfwlis, – 'troliau' – yn ceisio chwalu grwpiau cyfeillgarwch neu gam-drin pobl yn eiriol, ac yn tueddu i bigo ar y pethau mae pobl eisoes yn teimlo'n groendenau neu'n ansicr yn eu cylch. Mae llawer o bobl ifanc sydd â BDD wedi sôn bod seiberfwlis yn gwneud sylwadau sarhaus am eu golwg. Os wyt ti wedi bod yn defnyddio apiau a'r cyfryngau cymdeithasol i geisio cael sicrwydd am dy olwg, neu os yw pobl eraill yn gallu gweld bod dy olwg yn fater o bwys i ti yn sgil y safleoedd rwyt ti'n ymweld â nhw neu'r pethau rwyt ti'n eu lanlwytho, gallai seiberfwlis ddefnyddio'r wybodaeth hon. Yn wir, maen nhw'n gallu mynd mor bell ag annog pobl i'w brifo eu hunain neu eu lladd eu hunain. Cofia, does fawr ddim rheolaeth ar y cyfryngau cymdeithasol – gall unrhyw un greu ap, ac mae rhai pobl sy'n postio negeseuon ar flogiau yn gwneud hynny er mwyn hyrwyddo negeseuon di-fudd sy'n cael eu gyrru gan eu safbwyntiau personol. Mae'n bwysig dweud wrth rywun os wyt ti'n cael dy seiberfwlio ac mae gan lawer o wefannau swyddogaethau i rwystro neu reoli bwlis/troliau.

Ydy'r delweddau ar-lein yn realistig?

Rydyn ni i gyd bellach yn gallu defnyddio'r dechnoleg ddiweddaraf i greu delweddau afrealistig ac amhosibl ohonon ni'n hunain ac eraill. Y broblem yw ein bod ni wedyn yn cymharu'n hunain â lluniau o'r fath, gan anghofio nad yw pobl go iawn yn debyg i hyn. Maen nhw'n ddelweddau dethol iawn sy'n aml wedi cael eu newid a'u hidlo ganwaith. Cofia, dydy hyd yn oed modelau ddim yn debyg i'w lluniau!

CYNGOR AR REOLI DY BERTHYNAS Â'R CYFRYNGAU CYMDEITHASOL AC APIAU

- Penderfyna sawl gwaith y dydd rwyt ti'n edrych ar apiau/gwefannau penodol a chadwa at hynny.

- Penderfyna faint o amser rwyt ti'n ei dreulio ar wefannau/apiau penodol bob tro rwyt ti'n eu defnyddio a chadwa at hynny.

- Gosoda dargedau bach i gyfyngu ar dy amser yn defnyddio apiau/gwefannau, wedyn ceisia ymestyn y cyfnodau rhwng pob tro rwyt ti yn eu defnyddio, gan wobrwyo dy hun pan fyddi di'n llwyddo.

- Dewisa ap hwyliog, gwahanol i dynnu dy sylw ac i lenwi'r amser y byddet ti fel arfer yn ei dreulio ar dy apiau di-fudd.

- Chwilia am bobl ddoniol, optimistaidd neu ysbrydoledig i'w dilyn.

- Dylet ti osgoi neu ddileu apiau/gwefannau di-fudd.

- Bydd yn ofalus cyn lanlwytho unrhyw luniau ohonot ti dy hun a phaid byth ag anfon lluniau ohonot ti'n noeth at neb arall.

PETHAU I'W COFIO

✓ Mae'n bosibl i ti newid dy berthynas â'r cyfryngau cymdeithasol, y rhyngrwyd ac apiau fel bod treulio amser ar-lein yn gallu parhau i fod yn hwyliog ac yn bleserus.

✓ Mae seiberfwlio yn gyffredin a galli di wneud sawl peth i'w atal. Sonia wrth oedolyn ac edrycha ar y gwefannau buddiol ar ddiwedd y llyfr hwn.

✓ Cofia fod y cyfryngau cymdeithasol a'r rhyngrwyd yn cael eu rheoleiddio'n wael. Dwyt ti ddim yn gwybod pwy sy'n creu pa ap/gwefan, na pham.

✓ Gall treulio gormod o amser ar apiau ac ar gyfryngau cymdeithasol sy'n canolbwyntio ar olwg rhywun wneud dy bryderon di'n waeth ac effeithio ar dy ddelwedd corff.

✓ Mae lluniau yn y cyfryngau yn cael eu dewis yn bwrpasol ac yn aml yn cael eu trawsnewid gan dechnoleg hidlo.

Rory Daniels

6

TRINIAETH AR GYFER BDD

Bydd y bennod hon yn trafod:

- y triniaethau sydd ar gael ar gyfer BDD
- triniaeth seicolegol
- yr opsiynau o ran meddyginiaeth
- rhwystrau i gael gafael ar y driniaeth iawn
- sut mae cael gafael ar driniaeth ar gyfer BDD.

Triniaethau ar gyfer BDD

Os wyt ti'n teimlo bod BDD arnat ti, neu os wyt ti wedi cael diagnosis o BDD, y newyddion da yw bod triniaethau ar gael. Dim ond yn weddol ddiweddar mae triniaethau ar gyfer BDD wedi cael eu datblygu ond mae gwaith ymchwil wedi arwain at ambell ganlyniad addawol. Mae'r dystiolaeth orau hyd yma yn cefnogi dau ddewis posibl o ran triniaeth ac mae modd eu darparu ar wahân i'w gilydd neu gyda'i gilydd. Triniaeth seicolegol yw un, therapi ymddygiad gwybyddol

(CBT). Yr opsiwn arall yw meddyginiaeth, sy'n cynnwys nifer o ddewisiadau gwahanol.

Therapi ymddygiad gwybyddol ar gyfer BDD

Yn aml, mae therapi seicolegol yn cael ei alw'n 'therapi siarad', ond mae llawer mwy iddo na siarad yn unig. Therapi seicolegol yw cyfarfod â therapydd i drafod dy deimladau, dy brofiadau a dy bryderon. Mae nifer o wahanol fathau o therapi seicolegol ar gael, ond dydy pob un ddim yn gweithio ar gyfer pob anhawster. Dylai unrhyw un sy'n chwilio am gymorth seicolegol ar gyfer BDD gael cynnig therapi ymddygiad gwybyddol (*CBT: cognitive behavioural therapy*). Dyma'r unig driniaeth seicolegol mae arbenigwyr wedi profi ei bod yn gweithio ar gyfer BDD. Yn y Deyrnas Unedig, mae'r Sefydliad Cenedlaethol dros Ragoriaeth mewn Iechyd a Gofal (*NICE: The National Institute for Health and Care Excellence*) yn argymell CBT fel triniaeth. NICE yw'r corff sy'n darparu canllawiau triniaeth yn seiliedig ar y dystiolaeth orau sydd ar gael. Dim ond yn weddol ddiweddar mae clinigwyr ac ymchwilwyr wedi bod yn datblygu triniaethau seicolegol ar gyfer BDD, felly mae triniaethau yn dal i esblygu. O ganlyniad, mae'n bosibl y byddan nhw'n wahanol yn y dyfodol. Ar sail y gwaith ymchwil hyd yma, rydyn ni'n gwybod pa elfennau mae'n rhaid eu cael ar gwrs CBT da ar gyfer BDD er mwyn iddo fod mor effeithiol â phosibl.

Dylai cwrs CBT da ar gyfer BDD gynnwys cyfarfod wythnosol â dy therapydd, a sesiynau unigol o tua 60 munud. Mae'n bosibl y bydd angen tua 20 sesiwn i gyd, ond mae hyn yn gallu amrywio cryn dipyn. Dylai therapydd drafod sut mae dy deulu'n debygol o fod yn rhan o dy driniaeth. Mae cael dy deulu yn rhan o'r sesiynau yn gallu bod yn bwysig iawn, ond bydd faint maen nhw'n rhan o dy driniaeth yn amrywio yn ôl faint mae angen iddyn nhw ei wneud yn sgil dy BDD, yn ogystal â ffactorau eraill fel dy oedran. Mae'r rhestr isod yn nodi beth dylai CBT ar gyfer BDD roi sylw iddo, yn ddelfrydol.

ELFENNAU ALLWEDDOL CBT AR GYFER BDD

- Dysgu am BDD, gorbryder a phrosesau seicolegol allweddol sy'n gysylltiedig â'r cyflwr hwn.

- Deall dy BDD dy hun – yn benodol, yr ymddygiadau sy'n berthnasol i ti a sut mae'r rheini yn bwydo gorbryderon oherwydd dy olwg, ac emosiynau anodd.

- Ymarfer lleihau ymddygiadau sy'n gysylltiedig â BDD, gyda chymorth dy therapydd, a dy deulu a dy ffrindiau, efallai. Bydd hyn yn golygu mynd ati yn fwriadol i gyflawni tasgau a heriau mewn sesiynau. Mae'n bwysig nodi bod y broses hon yn digwydd yn raddol, gam wrth gam ac mewn ffordd y galli di ymdopi â hi.

- Mae'n bwysig iawn dy fod ti hefyd yn cyflawni'r tasgau hyn rhwng sesiynau ('gwaith cartref therapi' yw'r enw swyddogol ar hyn), i feithrin dy hyder.

Yn dibynnu ar dy anawsterau penodol â BDD, mae'n bosibl y bydd dy therapydd yn ystyried ychwanegu elfennau eraill o'r rhestr nesaf.

ELFENNAU YCHWANEGOL CBT AR GYFER BDD

- Ymarfer sut i symud canolbwynt dy sylw o sut olwg sydd arnat ti i'r byd o dy gwmpas.

- Dysgu defnyddio drychau mewn ffordd fuddiol ac anfeirniadol.

- Gweithio'n uniongyrchol gyda dy feddyliau di-fudd penodol.

- Gweithio drwy brofiadau anodd, perthnasol o dy orffennol, e.e. bwlio sy'n gysylltiedig â dy olwg.

- Helpu i wella dy hunan-barch.

PETHAU I'W COFIO

✓ CBT yw'r unig driniaeth seicolegol mae arbenigwyr wedi profi ei bod yn gweithio ar gyfer BDD.

✓ Bydd dy therapydd yn defnyddio amrywiaeth o dechnegau, ond dylai unrhyw gwrs CBT gynnwys ambell beth allweddol, fel tasgau gweithredol i wrthsefyll ymddygiadau BDD.

✓ Dylai sesiynau CBT ddigwydd yn aml, a dylet ti gael tasgau clir i'w cwblhau gartref ar ôl pob sesiwn ('gwaith cartref therapi').

Meddyginiaeth ar gyfer BDD

Yn ogystal â therapi seicolegol ar gyfer BDD, mae tystiolaeth gadarn bod meddyginiaeth yn gallu bod yn ddefnyddiol. Fel arfer, dylai pobl ifanc roi cynnig ar therapi seicolegol yn gyntaf, ond dydy hynny ddim ar gael yn rhwydd bob amser. Mae'n bosibl ystyried meddyginiaeth fel opsiwn ar ei ben ei hun. Gan amlaf, fodd bynnag, byddai pobl yn dewis defnyddio meddyginiaeth ar gyfer BDD gyda CBT.

Dylai arbenigwr ar iechyd meddwl – seiciatrydd neu nyrs ragnodi mewn tîm iechyd meddwl fel arfer – ddechrau triniaeth meddyginiaeth ar gyfer BDD a'i fonitro'n ofalus.

Gall sawl meddyginiaeth fod o help wrth fynd i'r afael â BDD. Gall yr un meddyginiaethau hefyd helpu os wyt ti'n cael anawsterau eraill, gan gynnwys iselder neu fathau eraill o orbryder. Wrth ystyried meddyginiaeth, mae'n bwysig i ti drafod y pethau hyn â'r arbenigwr sy'n dy helpu di.

Mae'r math mwyaf cyffredin o feddyginiaeth sy'n cael ei defnyddio ar gyfer BDD yn perthyn i grŵp o driniaethau o'r enw atalyddion ailafael serotonin-benodol (*SSRIs: selective serotonin reuptake inhibitors*). Maen nhw wedi bod ar gael ers sawl degawd bellach. Er bod pobl yn pryderu am ddechrau cymryd y rhain, ac mae hynny'n ddealladwy, maen nhw fel arfer yn fuddiol, yn effeithiol ac yn ddiogel i bobl ifanc, ac mae'n bosibl eu defnyddio heb ddim sgileffeithiau pryderus. Mae sawl math o feddyginiaeth SSRI, a bydd pobl ifanc yn rhoi cynnig ar un ohonyn nhw ar y tro. Ymhlith y SSRIs sy'n cael eu defnyddio'n aml ar gyfer BDD mae sertralin (Lustral), fflwocsetin (Prozac), fflwfocsamin (Faverin), parocsetin (Seroxat) ac escitalopram (Cipralex).

Os wyt ti'n meddwl bod angen i ti ddechrau cymryd meddyginiaeth fel hyn, mae'n bwysig deall y ffeithiau a chael sgwrs fanwl am y feddyginiaeth cyn penderfynu. Mae'r rhan fwyaf o bobl ifanc yn gofyn i rywun agos, fel eu rhieni, i'w helpu i ystyried cyn penderfynu.

Dydy hi ddim yn anarferol i bobl ifanc sydd â BDD fod â phroblemau eraill y bydd angen eu hystyried hefyd, y tu hwnt i'w hanawsterau emosiynol. Weithiau, bydd y problemau hyn yn cynnwys pethau cyffredin fel gwingiadau (*tics*), anhwylder diffyg canolbwyntio a gorfywiogrwydd (*ADHD: attention deficit hyperactivity disorder*) neu anhwylder ar y sbectrwm awtistaidd (*ASD: autistic spectrum disorder*). Mae hefyd angen ystyried anawsterau iechyd corfforol yn ofalus wrth lunio cynllun triniaeth. Gallai'r canlyniad olygu dewis meddyginiaeth wahanol, meddyginiaethau ychwanegol neu wneud profion ac asesiadau ychwanegol cyn dechrau triniaeth.

Mae ambell beth pwysig i'w ystyried wrth roi cynnig ar feddyginiaeth i helpu i wella pryderon BDD. Yn gyntaf, rydyn ni'n gwybod bod angen cynyddu'r meddyginiaethau yn araf ac yn ofalus dros gyfnod o rai wythnosau. Fel hyn mae'n bosibl rheoli unrhyw sgileffeithiau posibl yn ofalus neu eu hosgoi, drwy ganiatáu i'r corff ddod i arfer â'r driniaeth yn raddol. Mae angen i'r meddyginiaethau sy'n cael eu defnyddio i helpu gyda BDD gael eu cynyddu i ddos uchel, uwch nag ar gyfer mathau eraill o anawsterau fel iselder, sy'n rheswm da arall dros gynyddu'n raddol. Y peth pwysig nesaf i'w gofio yw ei bod hi'n gallu cymryd amser hir i'r feddyginiaeth ddechrau gweithio. Dylai cyfnod prawf meddyginiaeth, ar ddos ddigonol, bara tua thri mis ac mae'n bwysig bod yn amyneddgar a pheidio â disgwyl i bethau wella dros nos. Felly, dylai'r gweithiwr proffesiynol sy'n rhagnodi unrhyw feddyginiaeth ar gyfer BDD roi sylw gofalus i dy symptomau, fel bod y ddau ohonoch yn gallu gweld yn glir pryd bydd pethau'n dechrau gwella. Pan fydd person ifanc a'r gweithwyr proffesiynol sy'n gysylltiedig â'i ofal yn teimlo nad yw meddyginiaeth yn gweithio er gwaethaf pob ymdrech, byddan nhw'n aml yn dewis rhoi cynnig ar SSRI arall.

Mae dysgu am sgileffeithiau posibl yn rhan o'r broses o ddeall unrhyw feddyginiaeth. Bydd tua 40% o bobl sy'n cymryd meddyginiaeth SSRI yn profi sgileffaith o ryw fath neu'i gilydd. Mae mwyafrif y sgileffeithiau hyn yn digwydd yn ystod y cyfnod o bythefnos i dair wythnos ar dechrau ar y feddyginiaeth. Mae cur pen a bola tost/poen yn y bol ymhlith y rhai mwyaf cyffredin. Fyddan nhw ddim fel arfer yn rhy wael, byddan nhw'n hawdd eu rheoli ac fel arfer yn diflannu'n eithaf cyflym â'r help iawn, heb achosi unrhyw broblemau gwerth sôn amdanyn nhw. Mae'n bwysig iawn gwybod sut mae cael gafael ar y cyngor arbenigol iawn. Yn ein profiad ni, os yw triniaethau meddyginiaeth yn cael eu cynllunio a'u rheoli'n ofalus, bydd y rhan fwyaf o bobl ifanc sydd â BDD yn dod drwyddi heb unrhyw broblemau sy'n achosi pryder. Fel arfer, maen nhw hefyd yn gweld bod meddyginiaeth yn ffordd fuddiol o fynd i'r afael â BDD.

Yn aml, mae pobl ifanc yn holi pryd y dylen nhw roi'r gorau i'w meddyginiaeth. Gan amlaf, mae disgwyl iddyn nhw ddal ati â'r feddyginiaeth am chwe mis o leiaf ar ôl teimlo'n well. Gall y cyfnod ymddangos yn un hir, ond mae rhoi'r gorau yn rhy gynnar yn aml yn golygu y bydd yr anawsterau yn dod yn ôl. Wrth ystyried rhoi'r gorau i unrhyw feddyginiaeth, mae'n bwysig gwneud hynny mewn ffordd sydd wedi'i chynllunio. Byddai'r cynllun hwn yn cynnwys y bobl sy'n dy gefnogi, gan gynnwys yr arbenigwyr ac eraill fel dy deulu.

PETHAU I'W COFIO

✓ Mae meddyginiaeth yn driniaeth effeithiol ar gyfer BDD, ond bydd ar ei gorau law yn llaw â CBT.

✓ Mae angen i ti gael esboniad manwl o'r feddyginiaeth gan arbenigwr sydd â phrofiad o ddefnyddio'r mathau hyn o driniaethau gyda phobl ifanc.

✓ Gall effeithiau cadarnhaol meddyginiaeth ar gyfer BDD ddigwydd yn araf, felly mae'n bwysig bod yn amyneddgar.

✓ Mae sgileffeithiau yn bosibl ond byddan nhw fel arfer yn sefydlogi ac yn diflannu.

✓ Dylet ti ddal ati i gymryd y feddyginiaeth am chwe mis, o leiaf, ar ôl i ti deimlo'n well.

✓ Mae'n bwysig i ti wybod sut mae cael gafael ar y cyngor a'r gefnogaeth angenrheidiol os wyt ti'n cymryd meddyginiaeth ar gyfer BDD.

Rhwystrau i gael gafael ar driniaeth

Er bod triniaethau ar gyfer BDD ar gael, mae llawer o bobl ifanc a'u teuluoedd yn dweud nad yw cael gafael ar y driniaeth honno bob amser yn broses syml. Mae tri rheswm am hyn yn bennaf. Efallai eu bod nhw'n teimlo cywilydd, neu'n teimlo mai problem gorfforol sydd ganddyn nhw, ac felly does neb yn gallu helpu go iawn. Mae hyn yn gallu achosi i'r person ifanc deimlo'n ynysig ac yn unig, a hefyd yn golygu nad yw'n debygol o gymryd y camau angenrheidiol i weld gweithiwr proffesiynol a allai ei helpu. Ond mae BDD yn annhebygol o wella ar ei ben ei hun, felly os wyt ti'n meddwl bod hyn yn swnio'n gyfarwydd, mae'n bwysig iawn dy fod ti'n gofyn i rywun am help. Tria feddwl am rywun a allai ddeall hyd yn oed ychydig o sut rwyt ti'n teimlo. Beth am roi'r llyfr hwn iddo i esbonio beth rwyt ti'n ei brofi, ac i roi rhywfaint o arweiniad iddo ar sut y gallai dy helpu di?

Peth arall sydd weithiau yn rhwystro pobl rhag cael gafael ar yr help angenrheidiol yw nad yw pawb yn deall BDD yn dda iawn o hyd. Er bod gweithwyr proffesiynol wedi clywed neu ddarllen am BDD, dydy hynny ddim yn golygu bod ganddyn nhw brofiad mawr yn ei adnabod. Mae llawer o ymarferwyr yn dweud eu bod hi'n arbennig o anodd iddyn nhw wahaniaethu rhwng BDD ac anhwylderau eraill sy'n ymddangos yn debyg i'w gilydd, fel gorbryder cymdeithasol neu iselder. Y newyddion da yw bod y sefyllfa hon yn newid yn araf bach, er y bydd hi'n gryn dipyn o amser cyn i BDD fod mor adnabyddus ag anhwylderau eraill. Os wyt ti'n teimlo bod gennyt ti symptomau BDD, ond bod y gweithwyr proffesiynol sy'n ceisio dy helpu heb daro ar y diagnosis iawn, gallai'r llyfr hwn fod yn help i bontio'r bwlch hwnnw.

Rydyn ni wedi sôn yn barod yn y bennod hon fod meddyginiaeth yn gallu helpu llawer o bobl â symptomau BDD. Ond os wyt ti'n gwrando ar ffrindiau, perthnasau neu ffynonellau ar-lein, mae'n bosibl y byddi di'n clywed sawl peth am feddyginiaethau a fydd yn gwneud i ti boeni. Felly mae'n bwysig iawn dy fod ti'n gofyn cwestiynau ac yn cael yr atebion iawn os yw'r pryderon hynny yn dy rwystro di rhag cael triniaeth. Os yw'r pryderon hyn yn cael eu trafod yn agored, rydyn ni'n gwybod y bydd pobl efallai yn cael gafael ar y wybodaeth safonol er mwyn iddyn nhw allu gwneud penderfyniadau gwybodus. Dylai arbenigwyr gynnig gwybodaeth onest, agored a chlir bob amser, er mwyn dy helpu i wneud penderfyniadau clir am dy becyn triniaeth.

Sut mae cael gafael ar driniaeth ar gyfer BDD

Os wyt ti'n awyddus i gael triniaeth ar gyfer BDD, dylet ti gael gair gyda dy feddyg teulu, a fydd yn gallu rhoi gwybod i ti sut mae cael triniaeth ar gyfer iechyd meddwl yn dy ardal leol. Mae hyn fel arfer yn cynnwys cael dy gyfeirio at dîm o seicolegwyr, seiciatryddion ac ymarferwyr gofal iechyd eraill. Mae'r rhain yn cynnig cefnogaeth i bobl ifanc sydd ag amrywiaeth o anawsterau iechyd meddwl. Gallan nhw asesu dy anawsterau a thrafod dewisiadau o ran triniaeth â ti. Mae rhagor o gyngor a chefnogaeth ar gael gan nifer o sefydliadau elusennol ac mae eu manylion cyswllt ar gael ar ddiwedd y llyfr hwn.

PETHAU I'W COFIO

✓ Mae BDD yn annhebygol iawn o wella heb y driniaeth iawn, felly mae'n bwysig i ti geisio cael yr help angenrheidiol.

✓ Mae ymarferwyr yn dal i ddysgu am BDD. Felly i sicrhau bod dy anawsterau yn cael eu cydnabod yn iawn, mae'n bosibl y bydd angen i ti weithio ychydig yn galetach nag y byddai'n rhaid i ti pe bai cyflwr cyfarwydd arnat ti.

Triniaeth ar gyfer BDD

- ✓ Gallai'r llyfr hwn fod yn adnodd da i ysgogi'r sgyrsiau hynny â phobl ac agor y drws i gael gafael ar yr help y mae ei angen arnat ti.

- ✓ Mae gwybodaeth ddiffygiol am feddyginiaethau weithiau yn gallu rhwystro pobl ifanc rhag defnyddio'r driniaeth effeithiol hon ar gyfer BDD.

- ✓ Os wyt ti am gael triniaeth ar gyfer BDD, sonia wrth dy feddyg teulu.

7

BETH GALL TEULUOEDD, FFRINDIAU A GOFALWYR EI WNEUD I HELPU?

Bydd y bennod hon yn trafod:

- sut mae cydnabod bod problem yn bodoli
- sut mae cael help
- sut mae modd i deuluoedd reoli pethau o ddydd i ddydd
- beth mae teuluoedd yn gallu ei wneud i gefnogi CBT.

Cydnabod bod problem yn bodoli

Mae'n aml yn anodd gwybod a yw pryderon pobl ifanc yn eu harddegau am eu golwg yn rhan o bryderon 'normal' eu hoed, neu a ydyn nhw'n brawf o BDD. Yr arwydd amlycaf yw bod hel meddyliau am eu golwg ac ymddygiadau cysylltiedig yn digwydd i'r fath raddau fel eu bod yn achosi gofid sylweddol ac yn ymyrryd â'u bywydau. Er enghraifft, maen nhw'n hwyr i'r ysgol neu i ddigwyddiadau, neu yn eu hosgoi yn gyfan gwbl, oherwydd gorbryder oherwydd eu golwg a/neu oherwydd y defodau helaeth mae'n rhaid iddyn nhw eu cyflawni cyn gadael y tŷ. Mae arwyddion eraill hefyd sy'n cael sylw ym Mhennod 1, Beth yw BDD ac oes gen i BDD?, a Phennod 3, Effaith BDD.

Os ydych chi'n amau bod BDD ar eich plentyn, mae'n bwysig rhannu hyn â'r plentyn mewn ffordd dawel, heb ei feirniadu. Peidiwch â dechrau trafod union natur ei bryderon oherwydd ei olwg – canolbwyntiwch yn hytrach ar y gofid a'r rhwystr y maen nhw'n eu hachosi. Mae'n bwysig dweud wrth eich plentyn eich bod chi'n gwybod nad balchder sydd wrth wraidd hyn, a'ch bod yn deall ei fod yn dioddef yn sgil ei bryderon. Beth am rannu'r llyfr hwn â'ch plentyn i weld a yw'n gallu uniaethu â'i gynnwys?

Efallai y bydd yn teimlo rhyddhad bod hyn wedi cael ei gydnabod fel problem, er na fydd o reidrwydd yn teimlo mai BDD sydd wrth wraidd y peth. Mae'n bwysig dal ati i bwysleisio agweddau gofid a rhwystr yr anhwylder, a'i sicrhau bod cymorth ar gael i reoli ei ofid. Gallwch rannu gwybodaeth am driniaeth a chefnogaeth i'w helpu i ddeall beth sydd ar gael (gweler Pennod 6, Triniaeth ar gyfer BDD). Os yw eich plentyn yn dangos arwyddion o broblemau fel meddwl am ei ladd ei hun neu hunan-niweidio, mae'n bwysig i chi ofyn am gymorth iechyd meddwl ar unwaith.

Cael gafael ar help

Os yw eich plentyn yn ansicr ynglŷn â gofyn am help, gallwch droi at eich meddyg teulu neu eich gwasanaeth iechyd meddwl i drafod eich pryderon. Rhannwch eich amheuon fod BDD ar eich plentyn a thrafodwch sut mae cefnogi'ch plentyn i gael triniaeth. Yn ddelfrydol, dylai'ch plentyn ymuno â chi i chwilio am help, ond os yw'n gwrthod, peidiwch â gadael i hynny eich atal rhag rhannu'ch pryderon â gweithiwr proffesiynol.

Dylai'ch plentyn gael cynnig asesiad iechyd meddwl, gyda golwg ar ddewisiadau o ran triniaeth i ddilyn hynny. Rhaid i'r asesiad ystyried BDD fel diagnosis posibl, oherwydd mae clinigwyr yn aml yn gallu camgymryd ei symptomau am rai iselder, gorbryder cymdeithasol neu anhwylder bwyta. Efallai y byddai'n werth i chi fynd â'r llyfr hwn a gwybodaeth arall gyda chi i sicrhau asesiad ar gyfer BDD.

Ymdopi o ddydd i ddydd

Rydyn ni'n gwybod bod BDD yn gallu cymryd drosodd bywyd teuluol, â'r anhwylder yn tanseilio trefniadau arferol neu'n tarfu arnyn nhw. Mae cysuro a helpu i osgoi ymddygiadau sy'n gysylltiedig â phryderon oherwydd golwg yn rhai o'r ffyrdd cyffredin y mae teuluoedd yn cael eu tynnu i mewn i BDD eu plentyn. Er bod hyn yn gallu helpu i leihau gofid y person ifanc yn y tymor byr, rydyn ni hefyd yn gwybod ei fod yn atgyfnerthu'r broblem yn y tymor hir – cyn i chi droi, bydd BDD wedi meddiannu bywydau pob un ohonoch chi. Yn aml, mae'n anodd iawn pan fydd eich plentyn yn chwilio am gysur neu os yw'n eich tynnu chi i mewn i sgwrsio am ei olwg. Er bod hynny'n anodd, ceisiwch beidio â chymryd rhan mewn sgyrsiau am bryderon oherwydd golwg, a pheidiwch â dadlau na cheisio argyhoeddi'r plentyn nad yw'n edrych yn wael. Yn aml, gall hynny danio dadleuon a thensiwn, felly lleia'n byd y byddwch chi'n trafod y mater, gorau'n byd. Yn hytrach na thrafod beth yw ei ddiffygion o ran ei olwg yn ei dyb yntau, neu geisio ei ddarbwyllo i droi cefn ar ei gredoau oherwydd BDD, gallai fod yn fwy buddiol i chi gydnabod ei ofid.

Efallai y bydd angen mwy na chysur ar eich plentyn – efallai y bydd eisiau cynhyrchion neu driniaethau arno i wella ei olwg. Ar adegau tawelach, mae'n bwysig i chi a'ch plentyn edrych ar yr hyn sy'n rhesymol i'w ddisgwyl gennych chi, a'i gefnogi'n dyner i ystyried sut gallai'r ymddygiadau hyn fod yn atgyfnerthu ei bryderon am ei olwg. Gallai darllen Pennod 4, Triniaethau cosmetig, a Phennod 5, Y rhyngrwyd a'r cyfryngau cymdeithasol, fod yn fuddiol i'r plentyn. Mae'n bwysig cytuno ar gynllun i reoli'r ceisiadau hyn a sicrhau bod y teulu cyfan yn ymateb yn gyson. Os yw eich plentyn yn cael CBT, mae modd trafod hyn mewn sesiynau. Mae'n bwysig cymryd un cam ar y tro, heb ddisgwyl i'ch plentyn allu gwrthsefyll pob ymddygiad ar unwaith.

Mae ymddygiad ymosodol a dicter yn gyffredin mewn pobl sydd â BDD. Mae'n fuddiol sylwi beth sy'n sbarduno'r rhain a beth sy'n digwydd. Ar adeg dawel, gallwch drafod eich argraffiadau chi â'ch plentyn, a sut gallwch chi reoli hyn gyda'ch gilydd. Fel teulu, mae'n bwysig pennu ffiniau o ran ymddygiad derbyniol ac annerbyniol ar eich aelwyd. Hyd yn oed os mai BDD sy'n sbarduno'r ymddygiad, mae'n bwysig cynnal y ffiniau hyn. Mae'n gallu bod yn anodd, yn enwedig wrth i chi reoli bywyd pob dydd a chefnogi plentyn â BDD ar yr un pryd. Pan fydd eich plentyn yn gwylltio ac yn mynd yn ofidus, bydd hi'n anodd i chithau beidio â gwneud yr un peth. Fodd bynnag, dyma pryd mae'r sefyllfa yn gallu gwaethygu a'r gwrthdaro yn gallu dechrau. Os ydych chi'n sylwi bod hyn yn digwydd, mae'n bwysig ceisio camu allan o'r sefyllfa, er mwyn i bethau dawelu, a chydio yn y drafodaeth eto yn ddiweddarach. Mae'n anodd i bawb sy'n gysylltiedig â'r sefyllfa, ond cofiwch nad yw eich plentyn yn gwneud hyn ar bwrpas – gofid sydd wrth wraidd ei ymateb.

Mae'n bwysig i chi gydnabod effaith BDD arnoch chi a sicrhau bod gennych chi gefnogaeth. Mae hyn yn cynnwys cefnogaeth gan therapydd, neu fod gennych chi rywun i siarad ag ef neu hi, pa un a yw'n aelod o'r teulu ai peidio. Mae grwpiau cymorth ar gael i rieni rhai sydd â BDD (gweler Deunydd darllen, adnoddau a sefydliadau buddiol, t, 79). Mae'n hanfodol i chi greu amser i chi'ch hun a gofalu amdanoch chi'ch hun er mwyn i chi allu cynnig y gefnogaeth orau i'ch plentyn.

Cefnogi eich plentyn drwy CBT

Os yw eich plentyn yn cael cynnig CBT, mae dulliau ar gael i chi ei helpu drwy'r broses. Os yw hynny'n bosibl, byddai'n fuddiol i chi fynd i'r sesiwn neu ddwy gyntaf sy'n rhoi sylw i'r agweddau seicoaddysg ar BDD. Bydd hyn yn eich helpu i ddeall y cyflwr yn iawn a sut mae'n gweithio, yn ogystal â'r technegau i'w oresgyn. Triwch ymuno â diwedd pob sesiwn i gael crynodeb o'r hyn a drafodwyd ac i wybod pa dasgau gwaith cartref sydd wedi eu gosod am yr wythnos. Yn ogystal â deall BDD a dysgu amdano, mae rhieni yn aml yn cymryd rhan yn y driniaeth drwy helpu fel hyfforddwyr neu gyd-therapyddion. Gallai hynny gynnwys helpu i gyflawni tasgau gwaith cartref a chynnig cefnogaeth ac anogaeth yn ystod triniaeth. Yn olaf, rydyn ni'n gwybod bod teuluoedd yn aml yn cael eu tynnu i mewn i BDD mewn gwahanol ffyrdd (e.e. cysuro, darparu eitemau ar gyfer defodau sy'n gysylltiedig â golwg, hwyluso osgoi gwneud pethau). Mae'r ymddygiadau hyn yn cynnal y pryderon a'r sylw ar olwg sy'n gysylltiedig â BDD. O ganlyniad, maen nhw'n datblygu'n dargedau pwysig yn ystod triniaeth, felly mae'n fuddiol i deuluoedd gael arweiniad ar beth i'w wneud. Bydd faint o gefnogaeth gan eu rhieni y mae ei hangen ar bobl ifanc wrth wneud y tasgau gwaith cartref yn amrywio, fel y bydd eu hawydd i gael eu rhieni yn rhan o'u triniaeth. Trafodwch â'ch plentyn (a'i therapydd) sut gallwch chi gynnig cefnogaeth, oherwydd efallai y bydd rhai syniadau gwych ganddo. Gyda'ch plentyn a'i therapydd, ewch ati i gynllunio sut mae lleihau faint o gysur rydych chi'n ei roi a faint rydych chi'n ymwneud â'r BDD. Fel arfer, mae llacio'r gefnogaeth hon yn raddol yn fwy effeithiol. Gall y cynnydd ymddangos yn araf, yn enwedig yn ystod camau cynnar y driniaeth, ac mae'n debygol y byddwch yn cael eich siomi ar hyd y daith. Felly mae'n bwysig bod pawb yn amyneddgar â'r broses.

NEGES GAN RIANT

Mae deall y cyflwr a sut mae'n effeithio ar eich plentyn yn ofnadwy o bwysig. Bydd yn teimlo ei fod yn cael ei gefnogi a'i baratoi'n well i ddelio â BDD ac yn dod o hyd i'r nerth i weithio tuag at wella.

Mae gwella yn cymryd amser, a bydd yn her fawr i'ch plentyn ac i chi fel teulu. Byddwch yn amyneddgar, gan annog ac ysgogi'r plentyn yn gyson i weithio ar ei driniaeth. Mae'n rhaid i chi fod yn barod fod yn therapydd, felly mae'n hollbwysig eich bod chi'n deall proses y driniaeth yn llawn!

Gofal piau hi gydag 'ymddygiadau diogelwch' (roedd ein mab ni'n osgoi mynd allan, cyfarfod â phobl, cael cawod a gwisgo dillad cyffredin). Mae'n hawdd i chi gael eich llyncu gan yr ymddygiadau hyn a dod yn rhan o'r broblem drwy borthi'r BDD yn anfwriadol. Mae'n bwysig eich bod chi'n gallu deall os ydych chi, yn ddiarwybod, yn gwneud y broblem yn waeth. Byddai ein mab ni'n treulio oriau yn obsesu am ei gorff – roedd am i ni gytuno â'i olwg ef ohono'i hun. Ein hymateb ni oedd cynnig sylwadau cadarnhaol am ei olwg, gan gredu ein bod ni'n ei helpu. Roedden ni'n tybio y byddai hynny'n lleddfu ei gredoau negyddol, ond y gwir amdani oedd ein bod ni'n bwydo ei obsesiwn.

Beth gall teuluoedd, ffrindiau a gofalwyr ei wneud i helpu?

Os yw eich plentyn yn gofyn i chi ei gysuro ynglŷn â'i olwg, peidiwch â llyncu'r abwyd. Gwnaethon ni esbonio i'n mab sut byddai sgyrsiau o'r fath yn gwneud ei BDD yn waeth ac na fydden ni'n ymateb mwyach. Yn y pen draw, rhoddodd y gorau i sôn amdano a gwnaeth hynny ei dawelu cryn dipyn a lleddfu'r obsesiwn.

Mae plant sydd â BDD yn gallu gwylltio – yn enwedig pan fyddwn ni yn eu hannog i wneud pethau maen nhw'n eu hosgoi neu i gyfyngu ar ymddygiadau defodol. Erbyn hyn, rydyn ni'n gwybod pryd i adael llonydd iddyn nhw. Ysgogwch eich plentyn ac anogwch ef ar bob cyfrif, ond os yw'n rhy orbryderus, fydd gwthio cyson yn cyflawni fawr ddim. Rhowch ychydig o le i'ch plentyn a rhowch gynnig arall arni rywbryd eto.

Peidiwch â rhoi'r ffidil yn y to! Mae angen eich anogaeth chi arnyn nhw i wella.

A chofiwch ofalu amdanoch chi'ch hun! Ceisiwch aros yn optimistaidd (er y bydd hyn yn ymddangos yn amhosibl ar adegau), ond mae'n rhaid i chi ddal ati i obeithio.

Emma Beardsworth

PETHAU I'W COFIO

✓ Mae BDD yn gallu effeithio'n sylweddol ar fywyd teuluol a thynnu gofalwyr i ganol pryderon BDD ac ymddygiadau sy'n gysylltiedig ag ymddangosiad.

✓ Mae'n bwysig i chi ddeall nad yw eich plentyn yn ymddwyn fel hyn yn bwrpasol. Gofid sydd wrth wraidd ei ymddygiad, ond mae cymorth a chefnogaeth ar gael.

✓ Mae'n bosibl bod teuluoedd yn gallu gwneud ambell beth i gefnogi CBT.

✓ Mae'n bwysig ymdrechu i atal BDD rhag llethu bywyd teuluol. Mae angen pennu ffiniau rhwng y derbyniol a'r annerbyniol, a cheisio cadw pethau mor normal yn eich bywyd ag y gallwch chi.

✓ Gofalwch fod gennych chi le i droi ato am gefnogaeth – mae BDD yn straen ar bawb.

8
BETH GALL YSGOLION A GWEITHWYR PROFFESIYNOL EI WNEUD I HELPU?

Bydd y bennod hon yn trafod:

- sut gall ysgolion sylwi bod problem yn bod
- sut gall ysgolion helpu
- sut gall gweithwyr proffesiynol helpu.

Sut gall ysgolion sylwi bod problem yn bod?

Efallai eich bod chi wedi darllen Pennod 3, Effaith BDD, a oedd yn crynhoi sut mae BDD yn gallu effeithio ar bresenoldeb a pherfformiad yn yr ysgol. Mae'n fuddiol i athrawon gadw llygad am arwyddion posibl o BDD yn yr ysgol, sydd yn cael eu nodi ar y dudalen nesaf.

ARWYDDION POSIBL O BDD MEWN YSGOLION

- Disgybl yn gadael y dosbarth i wirio'i hun yn y drych neu unrhyw arwyneb arall sy'n adlewyrchu.

- Gwisgo gormod o golur neu beidio â chadw at reolau gwisg ysgol fel ffordd o guddio'r olwg sydd arno.

- Cyrraedd yn hwyr yn rheolaidd, presenoldeb anghyson neu ddim yn dod o gwbl.

- Chwilio am gysur ynglŷn â'i olwg.

- Osgoi rhai gwersi fel addysg gorfforol lle mae agweddau ar ei olwg yn gallu bod yn fwy gweladwy.

- Anhawster canolbwyntio yn y dosbarth oherwydd bod pryderon am ei olwg yn chwarae ar feddwl y disgybl.

- Osgoi cwmni cyfoedion neu grwpiau o bobl.

- Dangos gofid yn y dosbarth neu'n ypsetio.

- Perfformiad academaidd yn gwaethygu.

Os ydych chi'n amau bod BDD ar ddisgybl, mae'n werth edrych ar hyn gyda'r disgybl neu ei deulu i gael help (gweler Pennod 7, Beth gall teuluoedd, ffrindiau a gofalwyr ei wneud i helpu?).

Beth gall ysgolion ei wneud i helpu?

Rydyn ni'n gwybod bod BDD mor gyffredin â phroblemau iechyd meddwl eraill. A dweud y gwir, ar sail yr ymchwil sydd ar gael, rydyn ni'n gwybod bod tua 2% o'r disgyblion yn eich ysgol yn debygol o fod â'r anhwylder hwn. Os ydych chi'n ymwybodol o ddisgybl a BDD arno, mae sawl ffordd o'i gefnogi, ac rydyn ni'n eu nodi yn y blwch isod.

AWGRYMIADAU YNGHYLCH SUT GALL YSGOLION HELPU

- Cynnig seibiant o'r wers os yw'r disgybl yn teimlo'n orbryderus neu wedi'i lethu.

- Efallai y bydd angen amser ychwanegol arno i gwblhau gwaith mewn gwersi neu dasgau gwaith cartref.

- Peidio â gwneud sylw am ei olwg – hyd yn oed sylwadau cadarnhaol – a pheidio â thrafod y diffyg tybiedig.

- Bod yn ymwybodol y gallai'r disgybl fod wedi blino oherwydd ei bryderon am ei olwg a'r defodau hirfaith sy'n aml yn gysylltiedig â'i gyflwr.

- Efallai y bydd angen am addasiadau arbennig i sicrhau nad yw'r disgybl o dan anfantais (e.e. amser ychwanegol mewn arholiadau neu sefyll arholiadau mewn ystafell lai).

- Bod yn ymwybodol y gallai disgybl a BDD arno gael anawsterau yn ei berthynas â'i gyfoedion a dioddef o ddiffyg hunan-barch. Efallai y bydd angen cadw llygad am arwyddion fod y disgybl yn cael ei bryfocio neu ei fwlio.

- Gall siarad â'r disgybl fod yn fuddiol i ddeall sbardunau tebygol ac agweddau ar yr ysgol sy'n achosi straen, ac wedyn cydweithio i lunio cynllun i reoli hyn (e.e. sut mae modd iddo roi gwybod os oes angen iddo adael y dosbarth, heb dynnu sylw ato'i hun?).

- Os yw'r disgybl yn cael triniaeth, dylid cysylltu'n rheolaidd â'r teulu a/neu'r therapydd ynglŷn ag unrhyw ddarpariaethau penodol y bydd eu hangen i reoli symptomau yn yr ysgol. Mae'n fuddiol gofyn beth sydd dan sylw yn ystod y driniaeth a sut gall yr ysgol helpu.

- Dysgu mwy am BDD drwy ymweld â gwefannau a darllen llyfrau, a rhannu hyn ag aelodau eraill o staff (gweler Deunydd darllen, adnoddau a sefydliadau buddiol).

Beth gall gweithwyr proffesiynol ei wneud i helpu?

Os ydych chi'n weithiwr iechyd meddwl proffesiynol, efallai y bydd gennych chi ran i'w chwarae wrth roi diagnosis cywir o BDD fel y cyflwr sy'n achosi gofid y person ifanc. Weithiau, mae BDD yn cael ei weld fel gorbryder arferol person ifanc yn ei arddegau oherwydd ei olwg, felly bydd gofid a phryderon y person ifanc yn cael eu diystyru. Yn aml, mae pobl ifanc a BDD arnyn nhw hefyd yn teimlo cywilydd i gyfaddef bod ganddyn nhw bryderon delwedd corff, rhag ofn iddyn nhw ymddangos yn falch neu dynnu sylw at y diffyg tybiedig. Felly mae hi'n anodd iddyn nhw rannu eu pryderon. Gan na fydd rhai gweithwyr proffesiynol efallai yn gyfarwydd iawn â BDD, mae'r symptomau cyffredin yn aml yn cael eu camgymryd am broblemau eraill, fel iselder, gorbryder cymdeithasol ac anhwylderau bwyta. Mae'n bwysig ystyried BDD fel problem bosibl a gwneud hynny drwy ofyn yn uniongyrchol i'r person ifanc am unrhyw bryderon sydd ganddo am ei olwg. Gallwch ddechrau drwy ofyn y cwestiynau syml yn y bocs isod.

CWESTIYNAU I'W GOFYN I BERSON IFANC OS YDYCH CHI'N AMAU BOD BDD ARNO

1. Wyt ti'n treulio awr neu fwy bob dydd yn poeni am dy olwg?
2. Wyt ti'n sylwi ar dy hun yn gwneud llawer o bethau (e.e. edrych yn y drych, ymbincio) a/neu'n meddwl am bethau penodol (e.e. yn cymharu dy olwg di â golwg pobl eraill) mewn ymdrech i ymdopi â dy bryderon am dy olwg?
3. Ydy dy bryderon di am dy olwg yn gwneud i ti deimlo'n ddiflas (e.e. pryder, iselder neu gywilydd) a/neu'n rhwystro gweithgareddau bob dydd (e.e. cymdeithasu, mynd i'r ysgol neu weithgareddau hamdden)?
4. Ydy dy bryderon am dy olwg yn canolbwyntio ar fod yn rhy dew neu'n rhy drwm?

> Os yw'n rhoi ateb cadarnhaol i gwestiynau 1–3 ac ateb negyddol i gwestiwn 4, efallai fod BDD arno ac y dylech ei gefnogi i siarad â gweithiwr gofal iechyd proffesiynol.

Mae pobl sydd â BDD wedi dweud na fydden nhw'n sôn am eu symptomau oni bai eu bod nhw'n cael eu holi'n uniongyrchol, oherwydd cywilydd neu ofn y byddai pobl yn meddwl eu bod yn falch. Peidiwch felly ag ofni gofyn y cwestiynau ond cofiwch sicrhau'r person ifanc ar yr un pryd nad ydych chi'n credu ei fod yn ymddwyn yn falch neu fod ganddo feddwl uchel ohono'i hun. Felly peidiwch â dechrau trafod agweddau ar ei olwg; dim ond gofyn y cwestiynau mewn ffordd niwtral a didaro, heb fynegi barn ar ei olwg. Peidiwch â herio ei syniad ef am ei olwg. Mae'n bwysig cofio bod diffyg dealltwriaeth yn gyffredin iawn gyda BDD. Mae'n dda tynnu sylw at y ffaith bod pobl yn aml yn poeni am sawl rhan o'r corff sy'n creu embaras, fel organau cenhedlu, er mwyn cefnogi'r person ifanc i ddatgelu cymaint ag y gall. Canolbwyntiwch ar yr hel meddyliau, y gofid a'r rhwystrau mae hyn yn eu hachosi.

Un arwydd o BDD yw'r person ifanc yn datgelu ei fod yn hel meddyliau am rywbeth bach o ran ei olwg, rhywbeth mae eraill yn methu ei weld, a bod ganddo ymddygiadau sy'n achosi gofid ac yn ymyrryd yn ei fywyd. Nod eithaf ystyried hyn gyda'r person ifanc yw deall beth gallai fod yn sbarduno ei ofid a'i helpu i gael gafael ar gymorth. Os ydych chi'n weithiwr iechyd meddwl proffesiynol, efallai y byddai'n beth da i chi ddarllen Pennod 6, Triniaeth ar gyfer BDD, a fydd yn rhoi arweiniad wrth i chi gynnig a chyflwyno triniaeth sy'n seiliedig ar dystiolaeth ar gyfer BDD. Fel rydyn ni wedi tynnu sylw ato ym Mhennod 3, Effaith BDD, mae'n bwysig bod asesu a rheoli risg wrth wraidd y gefnogaeth rydych chi'n ei chynnig, gan ystyried bod materion risg yn gyffredin mewn BDD.

> ## PETHAU I'W COFIO
>
> ✓ Mae BDD yn gallu effeithio ar fywyd ysgol pobl ifanc mewn sawl ffordd, ac mae ffyrdd gwahanol o gefnogi disgyblion yn yr ysgol.
>
> ✓ Mae'n bwysig i'r ysgol a gweithwyr proffesiynol archwilio BDD fel esboniad posibl am ofid pobl ifanc ac effaith bosibl hynny ar eu bywydau.
>
> ✓ Wrth asesu BDD, peidiwch â thrafod y 'diffyg' tybiedig yng ngolwg y person ifanc, a chanolbwyntiwch ar y gofid sy'n codi yn sgil ei bryderon.
>
> ✓ Mae rhywun a BDD arno yn aml yn profi hwyliau isel, meddyliau am ei ladd ei hun ac ymddygiadau hunan-niweidiol. Gofalwch fod hyn yn cael ei archwilio a bod cefnogaeth ar gael ar gyfer hyn.

Katie Holland

ARGYMHELLION DEUNYDD DARLLEN, ADNODDAU A SEFYDLIADAU

Llyfrau

Claiborne, J. a Pedrick, C. (2002) *The BDD Workbook: Overcome Body Dysmorphic Disorder and End Body Image Obsessions.* Oakland, California: New Harbinger Publications.

Clarke, A., Veale, D. a Willson, R. (2012) *Overcoming Body Image Problems Including Body Dysmorphic Disorder.* Llundain: Hachette UK.

Phillips, K.A. (2005) *The Broken Mirror: Understanding and Treating Body Dysmorphic Disorder.* Efrog Newydd: Oxford University Press.

Phillips, K. (2009) *Understanding Body Dysmorphic Disorder: An Essential Guide.* Efrog Newydd: Oxford University Press.

Veale, D. a Neziroglu, F. (2010) *Body Dysmorphic Disorder: A Treatment Manual.* Caerfuddai: Wiley-Blackwell.

Wilhelm, S. (2006) *Feeling Good about the Way You Look: A Program for Overcoming Body Image Problems.* Efrog Newydd: The Guilford Press.

Wilhelm, S., Phillips, K.A. a Steketee, G. (2012) *Cognitive-Behavioral Therapy for Body Dysmorphic Disorder: A Treatment Manual.* Efrog Newydd: The Guilford Press.

Sefydliadau a gwefannau

Sefydliad BDD – www.bddfoundation.org

OCD Action – www.ocdaction.org.uk

Sefydliad Rhyngwladol OCD – https://iocdf.org

MYNEGAI

achosion BDD 21–2, 28–9
    ffactorau 'risg' biolegol 22–3
    ffactorau 'risg' cymdeithasol–ddiwylliannol 23–4
    ffactorau 'risg' seicolegol 24–8
alcohol 32
anhwylder ar y sbectrwm awtistaidd (ASD) 56
anhwylder diffyg canolbwyntio a gorfywiogrwydd (ADHD) 56
anhwylderau bwyta 18, 32, 65, 75
apiau 45, 47
    cyngor ar reoli dy berthynas ag apiau 48
atalyddion ailafael serotonin-benodol (SSRIs) 22, 55–7

BDD (anhwylder dysmorffia'r corff) 9–11, 13–14, 20
    achos o BDD neu ddiffyg go iawn o ran golwg? 15–16
    beth yw anhwylder dysmorffia'r corff? 14–15
    dysmorffia'r cyhyrau 18
    gwahaniaeth rhwng BDD ac anhwylderau bwyta 18
    pryderon cyffredin BDD 16
    sut rydw i'n gwybod a oes BDD arnaf i? 19–20
    ymddygiadau cyffredin sy'n gysylltiedig â BDD 16–17
Botox 39, 40
bwlio 23, 29, 54, 74
    seiberfwlio 47

camddehongli 28, 29
canolbwyntio 24, 29
Cipralex 55
Coleg Brenhinol y Llawfeddygon 42
crychau 40
cyfryngau cymdeithasol 45–49
    cyngor ar reoli dy berthynas â'r cyfryngau cymdeithasol 48
    seiberfwlio 47
    ydy'r delweddau ar-lein yn realistig? 47–8
cyffuriau 32
Cyngor Meddygol Cyffredinol 42
Cymdeithas Llawfeddygon Plastig Esthetig Prydain 42

chwistrelliadau colagen 40

delwedd corff 41, 43
    anfanteision triniaeth
    gosmetig 41–2
dwyn 36, 41
dysmorffia'r cyhyrau 18

effaith ariannol BDD 36
effaith BDD 31, 37
    ar fywyd teuluol a
    pherthynas ag eraill 33–4
    ar hwyliau 31–2
    ar yr ysgol 35
    ariannol 36
    gymdeithasol 32–3
electrolysis 40
elusennau 60, 80
escitalopram 55

Faverin 55

ffactorau 'risg'
    biolegol 22–3, 28–9
    cymdeithasol–ddiwylliannol
        23–4, 29
    seicolegol 24–8, 29
fflwfocsamin 55
fflwocsetin 55

gorbryder 28, 32, 53, 55
gorbryder cymdeithasol 32, 59,
    65, 75
grwpiau cymorth 67
gwaith cartref therapi 53, 54
gwaith ar y dannedd 40
gweithgaredd yr ymennydd 23,
    29
gwingiadau 56

helaethu'r bronnau 39, 40
hunan-barch 32, 54, 74
hunan-niweidio 10, 34, 64, 77
hunanladdiad 47, 64, 77
hwyliau 31–2

iechyd corfforol 56

iechyd meddwl 28
    beth gall gweithwyr
    proffesiynol ei wneud i
    helpu? 74–6, 77
    cyngor proffesiynol 20, 42,
        55, 60, 64–5
iselder 28, 32, 55, 56, 59, 65, 75

labiaplasti 40
Lustral 55

llawdriniaeth 34, 36, 40, 41–2
    cyngor proffesiynol 41
llenwadau 39, 40
    bochau 40
    gwefusau 39, 40

meddyginiaeth ar gyfer BDD
    55–8, 61
meddygon teulu 20, 60, 61, 64

parocsetin 55
perffeithiaeth 24–5, 29
Prozac 55
pryder cymdeithasol 32, 59, 65, 75
pryfocio 23, 29, 73

rhieni 21, 34, 36, 41–2, 56, 66, 67, 70
    cefnogi eich plentyn drwy
    CBT 67–8
    cydnabod bod problem yn
    bodoli 63–4
    neges gan riant 68–9
    ymdopi o ddydd i ddydd
    65–7
rhyngrwyd 45–6, 49
    cyngor ar reoli defnyddio'r
    rhyngrwyd 48
    seiberfwlio 46
    ydy'r delweddau ar-lein yn
    realistig? 47–8

Sefydliad Cenedlaethol dros
    Ragoriaeth mewn Iechyd a
    Gofal, y (NICE) 52

seiberfwlio 46
sensitifrwydd esthetig 25, 29
serotonin 22, 28
Seroxat 55
sertralin 55
sgileffeithiau 57, 58
straen 23, 29

teuluoedd 21, 22, 34, 42, 58, 63, 65–6, 67, 70
   cael gafael ar help 64–5
   cefnogi eich plentyn drwy CBT 67–8
   cydnabod bod problem yn bodoli 63–4
   neges gan riant 68–9
   ymdopi o ddydd i ddydd 65–7
triniaethau
   i'r croen 40
   laser 40
   rhinoplasti 39, 40
triniaethau ar gyfer BDD 51–2, 60–1
   meddyginiaeth ar gyfer BDD 55–8, 61
   rhwystrau i gael gafael ar driniaeth 58–60
   sut mae cael gafael ar driniaeth ar gyfer BDD 60–1
   therapi ymddygiad gwybyddol ar gyfer BDD 52–4
triniaethau cosmetig 34, 36, 39, 43
   anfanteision triniaeth gosmetig 41–2
   eisiau bwrw ymlaen beth bynnag 42–3
   mathau o driniaethau cosmetig 40
   mae'n teimlo fel y peth iawn i'w wneud ond pam? 41
trolio 47
tynnu mannau du 39

therapi ymddygiad gwybyddol (CBT) 52–3, 54, 55, 58, 63, 66, 70
   CBT ychwanegol ar gyfer elfennau BDD 54
   elfennau allweddol CBT ar gyfer BDD 53

ysgol 35, 71, 77
   arwyddion posib o BDD mewn ysgolion 72
   beth gall ysgolion ei wneud i helpu? 73–4
   sut gall ysgolion sylwi bod problem yn bodoli? 71–2